Jessen/Schulze Botanisches Wörterbuch

Botanisches Wörterbuch

für Gärtner und Floristen

20., überarbeitete und erweiterte Auflage
mit über 2000 Namen

Von Hans Jessen †
Berufsschuldirektor i. R.

und Helmut Schulze
Studiendirektor i. R.

Verlag M. & H. Schaper

Die Deutsche Bibliothek – CIP-Einheitsaufnahme

Jessen, Hans:
Botanisches Wörterbuch für Gärtner und Floristen: mit über 2000 Namen / von Hans Jessen und Helmut Schulze. – 20. Aufl. – Alfeld; Hannover: Schaper, 1994
ISBN 3-7944-0176-X
NE: Schulze, Helmut; HST

Gedruckt in der Bundesrepublik Deutschland
Satz, Druck und buchbinderische Verarbeitung:
Dobler-Druck GmbH & Co KG, Alfeld (Leine)
ISBN 3-7944-0176-X

Vorwort zur 20. Auflage

Ein Vergleich der 1. Auflage dieses Wörterbuchs mit der jetzigen läßt unschwer erkennen, in welchem Ausmaß in den verflossenen vier Jahrzehnten die Anzahl „gängiger" Arten zugenommen hat. Das bezieht sich allerdings nur auf die Ein- und Zweijahrsblumen, die Topfpflanzen im weitesten Sinn des Wortes, die Zierstauden und den Bereich der sogenannten Südfrüchte.

Dabei läßt sich leider auch nicht übersehen, daß es sehr oft zur Änderung wissenschaftlicher Pflanzennamen gekommen ist. Die neuen sollten dann die korrekten und somit endgültigen sein, sind es aber in manchen Fällen doch nicht geworden. Man darf nur an das Ärgernis mit *Eríca cárnea* erinnern, die vorübergehend und an sich unverständlich als *Eríca herbácea* geführt wurde. Der zwischenzeitlich geforderte Gattungsname *Brassaia* hat sich beispielsweise ebenfalls nicht lange gehalten, weshalb wir wieder von *Schéfflera actinophýlla* sprechen dürfen. Sogar *Dizygothéca elegantíssima* ist im Gattungsnamen eine *Schéfflera* geworden.

Recht oft haben solche Änderungen weniger mit taxonomischen Erwägungen zu tun, sondern vielmehr mit überstrenger Anwendung der Prioritätsregel. Im westlichen Ausland wird diesbezüglich mitunter weniger zielstrebig gehandelt. So kann man dort selbst im neuzeitlichen Schrifttum gelegentlich noch den Gattungsnamen *Póthos* finden, der bei uns seit etlichen Jahren über *Scindápsus* und *Rhapidóphora* von *Epipremnum* abgelöst und bei der Artangabe mit einem anderen Epitheton (*pinnátum*) versehen worden ist. Überdies weichen die wissenschaftlichen Pflanzennamen in den Werken des verdienstvollen und international sehr geschätzten Amerikaners Alfred Byrd Graf gar nicht so selten von denjenigen deutscher Standardwerke ab. Darauf soll in diesem Buch nicht eingegangen werden, wohl aber sei hier der amerikanische Botaniker Watson zitiert, der einmal gesagt hat, die Botanik müsse nicht die Wissenschaft von den Pflanzennamen, sondern in erster Linie die Lehre von den Pflanzen selbst sein. Listen geänderter Pflanzennamen sind dennoch auch in der Neuauflage unseres Buches unverzichtbar geblieben.

Dafür ist jetzt die Neuheiten-Liste entfallen. In ihr einst geführte Species sind in die einzelnen Zuordnungsbereiche eingearbeitet worden. Manche dieser Arten haben sich inzwischen als Flop erwiesen (Beispiel: *Wedélia trilobáta*). Vielleicht wird man in künftigen Auflagen wieder zu Neuheiten-Listen kommen müssen.

Besonders umfangreiche Erweiterungen hat es bei den Südfrüchten gegeben. Dort ist die Aufzählung im Buch unter Berücksichtigung des derzeitigen Fruchthandelangebots nahezu vollständig.

Einverstanden wird man sein, daß jetzt auch Kennzeichnungen für Schnittblumen-Eignung, für Hänge- und Kletterpflanzen und für gegebenenfalls erforderlichen Winterschutz in der Neuauflage zum Einsatz gekommen sind. Ratsam schien es ferner zu sein, wieder die Speisepilze aufzunehmen. Völlig neu hingegen sind ein kurzer geschichtlicher Abriß zur botanischen Nomenklatur und Darbietungen zum Einordnen von Familien, Gattungen und Arten in die Reihenfolge der Rangstufen.

Es bleibt zu hoffen, daß unser Wörterbuch weiterhin in der Gunst seiner Benutzer stehen wird, und zwar unbeschadet der Tatsache, daß gerade Literatur über dieses Wissensgebiet vorhergegangene Auflagen zumindest in Teilbereichen im Wert erheblich einschränkt.

Wesel, im Juli 1994 Helmut Schulze

Vorwort zur ersten Auflage

Die botanischen Namen sind ein Bestandteil des gärtnerischen Fachwissens. Ihre Kenntnis, Aussprache und Schreibweise sich nach Regeln anzueignen ist schwierig und dem Gärtner kaum möglich; darum müssen sie gelernt werden.

Dazu soll das vorliegende kleine Wörterbuch verhelfen. In ihm sind aus den Hauptpflanzengruppen des Erwerbsgartenbaues die botanischen Namen einiger Pflanzen zusammengestellt, die den Grundstock für das Fachwissen des jungen Gärtners bilden und ihm eine Übersicht über seine Kulturpflanzen geben.

Hinzugefügt sind noch die deutschen Namen, die Bedeutung des Artnamens und der Familienname.

Der Familienname ist mit Hilfe der angegebenen Zahl aus der „Übersicht der wichtigsten Familien" zu entnehmen. Dadurch soll der Lernende veranlaßt werden, erst selbst über die Familienzugehörigkeit nachzudenken und die Merkmale der Familie zu suchen.

Synonyme (Nebennamen) sind bewußt fortgelassen, um der jungen Generation jede Belastung zu ersparen. Aus demselben Grunde sind auch Regeln und Begriffe der lateinischen Sprache über Geschlecht, Vor- und Endsilben, Form- und Farbbezeichnungen der Pflanze oder von Pflanzenteilen nicht angeführt.

Die Erfahrung lehrt immer wieder, daß botanische Namen nur durch Übung und Gewöhnung zum Fachwissen werden können.

Schwelm, Dezember 1950 Der Verfasser

Inhaltsverzeichnis

Pflanzennamen in der Fachsprache des Gärtners

Die richtige Schreibweise, Aussprache und Betonung der botanischen Namen machen dem Gärtner Schwierigkeiten, so daß oft die Frage gestellt wird: „Warum müssen diese fremden Namen, bei denen man sich nichts vorstellen kann, gelernt und gebraucht werden?"

Der Fachmann muß neben den deutschen Pflanzennamen auch die wissenschaftlichen kennen, denn

1. die deutschen Namen sind nicht einheitlich genug, um in der Praxis und im Fachschrifttum verwendet werden zu können. Verschiedene Pflanzengattungen und -arten haben den gleichen deutschen Namen, und für manche Pflanzenart gibt es mehrere deutsche Namen, z. B. für *Béllis perénnis: Gänseblümchen,* Maßliebchen, Tausendschönchen, Perlblümchen, Osterblume, Margeritchen.

2. der Verkehr der Fachleute untereinander verlangt die botanischen Namen. Letztere werden als Fachsprache angewendet.

3. der Verkehr mit dem Auslande fordert wegen der Verständigung eine einheitliche Namengebung zwischen den Nationen (Internationale Nomenklatur).

4. in Fachzeitschriften und Preislisten sind die Pflanzen und Samen international mit botanischen Namen gekennzeichnet.

5. viele Pflanzen (Warm- und Kalthauspflanzen) haben keinen deutschen Namen, weil sie aus fremden Ländern stammen.

6. die Wissenschaft (Botaniker und Forscher) und alle Berufe, die mit Pflanzen zu tun haben, müssen zur Vermeidung von Verwechslungen die botanischen Namen verwenden.

7. seit dem 1. 6. 1993 gilt die EU-Direktive, daß jede Pflanzenart im Handel mit dem korrekten wissenschaftlichen Pflanzennamen bezeichnet werden soll, und zwar besonders bei grenzüberschreitendem Verkehr. Nebenbei sei bemerkt, daß im weiteren Sinn des Wortes ebenfalls deutsche Pflanzennamen (wie englische, französische usw.) als botanische Namen angesehen werden können. Sie sagen ja auch etwas Pflanzenkundliches (also Botanisches) aus. In Fachkreisen jedoch sind die wissenschaftlichen Pflanzennamen allein zugleich die botanischen (Fassung im strengen Sinn des Wortes).

Die Namen für die Pflanzen können etwas aussagen über:

1. die Eigenschaft der Pflanze oder ihrer Teile, z. B. heißt *Adiántum* das „Unbenetzbare", denn Wasser rollt wie silberne Kügelchen von den Adiantumblättchen ab; *tricolor* bedeutet dreifarbig.

2. die Herkunft der Pflanze. *Castánea* z. B. bedeutet der aus Kastana in Thessalien (Griechenland) stammende Baum Kastanie.

3. die Ähnlichkeit mit anderen Pflanzen, Tieren oder Gegenständen. *Delphínium* z. B. besagt, daß die Knospe des Rittersporns einem Delphin ähnlich ist. Die Artbezeichnung *platanoídes* bedeutet platanenähnlich. Die Endung „oídes" bezeichnet eine Ähnlichkeit.

4. die Ehrung eines Förderers oder Züchters. *Begónia* (Schiefblatt) ist benannt nach Michel Begon, der Gouverneur von Sto. Domingo (Mittelamerika) war. Die *Magnólia* (Magnolie, fälschlich Tulpenbaum genannt) hat ihren Namen zu Ehren des Professors Pierre Magnol erhalten.

5. die Verwendung der Pfanze; *officinális* bedeutet, daß die Pflanze arzneilich, also in Apotheken gebraucht wird. Officina ist im Lateinischen die Werkstatt, die Arzneiküche.

Man soll nicht daran denken, die botanischen Namen zu übersetzen, um nun mit aller Gewalt einen deutschen Namen zu haben. Dadurch ist niemandem gedient, und es kommen oft sehr merkwürdige Wortgebilde heraus.

Wann ist der Gebrauch der botanischen Namen angebracht?

Es ist nicht nötig, im täglichen Berufs- und Geschäftsleben, im Verkehr mit den Kunden die „botanischen" Namen zu gebrauchen, wenn eingebürgerte deutsche Namen oder in deutsche Form gebrachte Namen vorhanden sind.

Man kann gern „Alpenveilchen" oder „Zimmerlinden" verkaufen und braucht sie nicht *Cýclamen pérsicum"* oder *„Sparmánnia africána" zu nennen. Man kann „Efeu", „Lorbeer" und „Douglastanne" verarbeiten, ohne sie als „Hédera hélix", „Laurus nóbilis" und „Pseudotsúga menziésii" bezeichnen zu müssen.*

Die botanischen Namen sind aber immer dann anzuwenden, wenn Zweifel um eine Pflanzengattung oder -art entstehen können. Auch ist zu bedenken, daß viele Blumenfreunde und Pflanzenliebhaber, die als Kunden zum Gärtner kommen, sich der Fachnamen bedienen, dann müssen Gärtner und Floristen ihnen als Fachmann gewachsen sein.

Botanische Namen und Sortennamen werden international geregelt

Zunächst sei hervorgehoben, daß „botanische" Namen nichts anderes bedeuten als „Pflanzen"-Namen, denn „botáne" heißt in der griechischen Sprache „Gras, Pflanze". „Botanisch" bedeutet also nicht eine Sprache wie „Fanzösisch" oder „Lateinisch". Botanische Namen sind nur Pflanzennamen, die meistens aus der lateinischen und altgriechischen Sprache oder aus bezeichnenden Vernakularnamen, d. h. aus volkstümlichen Bezeichnungen der Eingeborenen fremder Länder, entnommen sind und oft eine lateinische Endung erhalten haben (*vernáculus* = einheimisch, inländisch). So bedeutet z. B. *catawbiénse* catawbienisch = am Catawbafluß (in Nordamarika) wachsend.

Die Regeln zur wissenschaftlich korrekten Benennung von Pflanzenarten und gärtnerischen Sorten werden auf Internationalen Botanischen Kongressen und Gartenbau-Kongressen festgelegt.

Ausganspunkt für die heutige Nomenklatur, die Namensgebung, sind Linnés „Species Plantarum" 1753.

Die Frage der Regelung der wissenschaftlichen Pflanzennamen ist auf vielen Internationalen Kongressen behandelt worden, z. B. 1867 in Paris, 1905 in Wien, 1930 in Cambridge, 1950 in Stockholm, 1954 in Paris, 1959 in Montreal, 1964 in Edinburgh, 1969 in Seattle, weiter 1975 in Leningrad und 1981 in Sydney, vor einigen Jahren auch in Berlin, zuletzt 1993 in Tokio.

Die heute gültigen „Internationalen Nomenklaturregeln" für die Botanik sind niedergelegt im dreisprachigen „Internationalen Code der Botanischen Nomenklatur" (ICBN), dessen deutsche Fassung in Berlin-Dahlem gefertigt worden ist.

(Ein „Code" [franz.] ist ein Gesetzbuch, aber auch ein Schlüssel zum Entziffern chiffrierter Schriften.)

Der botanische Code enthält Grundsätze, Regeln und Empfehlungen für die Benennung der Pflanzen.

Für die Kulturpflanzen sind grundsätzlich die Vorschriften des botanischen Code gültig, jedoch sind besondere Bestimmungen zusätzlich notwendig geworden. Sie beziehen sich auf die in der Kultur entstandenen Veränderungen, auf die Sorten und deren wünschenswerte Registrierung, auf die Namen von Bastarden sowie auf internationale Zusammenarbeit.

Die Vorschriften sind festgelegt im gegenwärtig maßgeblichen „International Code of Nomenclature of Cultivated Plants" (ICNCP), Utrecht 1980, dessen Wortlaut nach den Beschlüssen der Internationalen Gartenbaukongresse in London (1952) und Scheveningen (1955) von Nomenklatur-Kommissionen bzw. -Ausschüssen für Kulturpflanzen in Utrecht (1956), Edinburgh (1960) und Cambridge (1969) konzipiert wurde. Die deutsche Fassung ist dann herausgegeben worden vom Arbeitskreis Nomenklatur der Deutschen Gartenbauwissenschaftlichen Gesellschaft mit Genehmigung des International Bureau for Plant Taxonomy and Nomenclature, Utrecht.

Absichten der Nomenklatur

1. Beständigkeit der Namen anzustreben,
2. Formen und Namen, die zu Irrtümern oder falschen Deutungen Anlaß geben oder Verwirrung in der Wissenschaft anrichten können, zu verwerfen und zu vermeiden.

Woher kommen die Nebennamen?

Man findet oft für eine Pflanze zwei verschiedene Gattungsnamen oder Artnamen. Diese Namen sind dadurch entstanden, daß Wissenschaftler, vollkommen unabhängig voneinander oder auch zu verschiedenen Zeiten, ein und derselben Pflanze je einen Namen gaben oder über ihre Einreihung in das botanische System (Ordnung des Pflanzenreiches) verschiedener Ansicht waren.

Im allgemeinen ist die älteste Artbezeichnung gültig, also die zuerst gegebene (Prioritätsgrundsatz), die zusammen mit dem korrekten Gattungsnamen den richtigen Artnamen bildet.

Wenn man also in Büchern, Zeitschriften oder Preislisten einen „botanischen" Namen findet und dahinter in Klammern einen zweiten, dann bedeutet das, daß der eingeklammerte Name der Nebenname (ein Synonym) ist und nicht mehr gebracht werden soll, wenn er auch in der Praxis noch bekannt ist.

Einige Beispiele:

Schusterpalme: *Aspidístra elátior* Bl. (*Plectógyne elátior* hort. – *Plectógyne variegáta* Link).

Weihnachtsstern: *Euphórbia pulchérrima* Willd. (*Poinséttia pulchérrima* Grah. – *Euphórbia poinsettiána* Buist.).

Gloxinie: *Sinníngia speciósa* Benth. et Hook. (*Gloxinia speciósa* Lodd. – *Ligéria speciósa* Decne.).

Cinerarie: *Senécio cruéntus* DC. (*Cineråria cruénta* L'Hér. – *Cinerária hýbrida* Willd.).

Die einzelnen großen Buchstaben oder Abkürzungen von Namen, wie sie bei den angegebenen Beispielen angeführt sind, geben die Namen der Botaniker an, die den Pflanzen den Namen gegeben haben. So bedeutet z. B. das Bl. hinter *Aspidístra elátior,* daß Dr. Carl Ludwig Blume, ein Forschungsreisender, der Namengeber ist, während das hort. die Abkürzung von hortorum = der Gärten ist und soviel besagt, daß es sich um einen in botanischen Gärten und Gärtnereien gebräuchlichen Namen handelt. Link, Heinrich Friedrich, war Direktor des Botanischen Gartens Berlin. Die oben angegebenen Autorenzitate (Link, Lodd., DC. usw.) haben nur Bedeutung im steng wissenschaftlichen Umgang und kommen deshalb in diesem Buch nicht zum Einsatz.

Botanische Namen nicht mit Sortennamen verwechseln!

Die botanischen Namen werden für die jeweiligen Pflanzenarten (-gattungen usw.) von Botanikern (Wissenschaftlern) verbindlich und bis auf weiteres gültig festgelegt.

Die Benennung eines Taxons (= Sippe + Rangstufe) hat nicht eine Aussage über seine Merkmale oder seine Geschichte zum Zweck, sondern sie soll nur Verständigungsmittel für dieses Taxon sein.

Unter „Name" wird ein solcher verstanden, der gültig veröffentlicht ist, gleichgültig ob er legitim (den Nomenklaturregeln entsprechend) oder illegitim (regelwidrig) ist.

Es heißt unter anderem: „Eine wirksame Veröffentlichung (Publikation) im Sinne des Code ist nur gegeben durch Verteilung (Verkauf, Tausch, Schenkung) gedruckter Schriften. Mitteilung neuer Namen in einer öffentlichen Sitzung, Aufstellung solcher in Sammlungen oder öffentlichen Gärten oder Ausgabe von Mikrofilmen, die von Manuskripten hergestellt sind, stellen keine wirksame Veröffentlichung dar."

Ferner gilt: Ein Name eines Taxons rezenter (lebender) Pflanzen ist nur dann als gültig veröffentlicht anzusehen, wenn er

1. den Bedingungen der wirksamen Veröffentlichung entspricht und
2. wenn er nach den Regeln des Code formal richtig gebildet wird,
3. wenn ihm eine Beschreibung des Taxons oder ein (direkter oder indirekter) Hinweis auf eine frühere wirksam veröffentlichte Beschreibung beigegeben ist,
4. wenn er typisiert wird.

Jede Pflanze wird als zu einer Anzahl von Kategorien (Gruppen) gehörig behandelt, die eine fortlaufende Folge von einander unter- und übergeordneter Rangstufen bilden.

Die Grundkategorie dieser Folge ist die Art *(species).*

Die Hauptkategorien oberhalb der Art sind in aufsteigender Reihenfolge: Gattung *(genus)*; Familie *(familia)*; Ordnung *(ordo)*; Klasse *(classis)*; Abteilung *(divisio)*; das bedeutet, jede Art gehört zur einer Gattung, jede Gattung zu einer Familie usw.

In einigen Gattungen werden Sektionen *(sectiones)* und in einigen Familien Unterfamilien (subfamiliae) und Tribus *(tribus)* unterschieden.

In gleicher Weise kann nach denselben Grundsätzen die Art unterteilt werden; hierbei sind die gebräuchlichsten Kategorien in absteigender Reihenfolge: Unterart *(subspecies = subsp.)*, Varietät *(varietas = var.)* und Form *(forma = f.)*.

Die botanischen Namen in diesem Wörterbuch erstrecken sich von der Form bis zur Familie.

Die **Sortennamen** kommen aus der Praxis im Land-, Forst- und Gartenbau und sollen ein landesüblicher oder ein „Phantasie"-Name sein und sich von einem meist lateinisch konzipierten Epitheton, der Artbezeichnung im engeren Sinne, deutlich unterscheiden.

Ein Name hat nach dem „Internationalen Code der Nomenklatur für Kulturpflanzen" nur Bestand, wenn er gültig veröffentlicht oder offiziell registriert worden ist.

Die gültige Veröffentlichung (Publikation) wird bewirkt durch Verkauf oder Verteilung gedruckter oder ähnlich mechanisch vervielfältigter Schriften, die sowohl den Namen als auch die Beschreibung oder Definition der betreffenden Pflanzen (mit oder ohne Abbildung) oder einen Hinweis auf eine frühere veröffentlichte Beschreibung oder Definition in irgendeiner Sprache geben, die sich lateinischer Buchstaben (Antiqua) bedient. Die Erwähnung eines Sortennamens in einem Katalog oder einer Liste ohne Beschreibung oder Definition oder ohne Hinweis darauf ist keine gültige Veröffentlichung, sogar dann nicht, wenn eine Abbildung beigegeben ist.

Die Registrierung durch eine international anerkannte zuständige Registerstelle („Registration Authority" ist im Code mit „zuständige Registerstelle" übersetzt) gilt als gleichbedeutend mit einer gültigen Veröffentlichung.

Besteht keine internationale Registerstelle, so kann durch den Internationalen Ausschuß für Gartenbau-Nomenklatur und Registrierung der Name angenommen werden.

Der Name und die Beschreibung oder Definition müssen veröffentlicht werden in einer gärtnerischen oder botanischen Zeitschrift oder in einer Monographie (Schrift über ein Sondergebiet), einem Handbuch, einer gedruckten Liste registrierter Namen oder in einem anderen Standardwerk (Musterwerk) oder in einem Katalog, dessen Erscheinungsdatum bekannt ist; hierbei sollte möglichst der Züchter, Erhaltungszüchter oder Ersteinführer angegeben werden. Es ist wünschenswert, daß das Werk ausreichend dauerhaft hergestellt ist und daß Exemplare davon in Bibliotheken deponiert werden. Es ist auch wünschenswert, daß ein getrocknetes Exemplar der Pflanze in dem Herbarium eines Instituts niedergelegt wird, wenn möglich unter Beigabe einer farbigen Illustration. Fleischige Teile, z. B. Früchte, sollten in einer konservierenden Flüssigkeiten aufbewahrt werden.

Die Kulturpflanzen erhalten Namen auf drei systematischen Rangstufen

Namen auf diesen Rangstufen sind die

1. der **Gattung** oder der intergenerischen (zwischen Gattungen stehenden) Bastardgruppe (Bastardgattung), d. h.
   a) gewöhnliche Gattungsnamen, z. B. *Lílium,*
   b) *Namen, die auf bigenerische (Gattung* x Gattung) Bastardgruppen angewendet werden, z. B. x *Fatshédera (Fátsia* x Hédera); x *Mahobérberis (Mahónia x Bérberis).* Dem neuen Gattungsnamen wird das Kreuzungszeichen x vorangesetzt.
   c) Namen, die auf multigenerische (Gattung x mehrere Gattungen) Bastardgruppen angewendet werden, z. B. x *Potinára (Sophronítis* x *Brassávola* x *Catttléya* x *Laélia).* Dem neuen Gattungsnamen wird das Kreuzungszeichen x vorangesetzt. Die Endung *-ara* besagt, daß eine Kreuzung von drei oder mehr Gattungen vorliegt.

d) Namen von Pfropfchimären (Pfropfbastarden), die aus Angehörigen verschiedener Gattungen gebildet sind, z. B. + *Laburnocýtisus* (Labúrnum + *Cýtisus).*
Dem neuen Gattungsnamen wird das Zeichen + vorangestellt.

e) Namen von Pflanzen als Ergebnis parasexueller Vorgänge (Protoplastenfusionen). Man führt die beteiligten Partner an und setzt in der entstehenden Formel das Kreuzungszeichen in Klammern, beispielsweise *Epíscia cupreáta (x) Sinníngia-Hybriden.* Solche Experimente könnten zu gelbblühenden Gloxinien führen.

2. der **Art** oder interspezifischen (zwischen 2 oder mehreren Arten stehenden) Bastardgruppe (Bastardart), d. h.

a) der gewöhnliche Artname, z. B. *Lílium aurátum,*

b) oder für einen interspezifischen Bastard ein dem Artnamen vergleichbarer Name, z. B. *Lílium* x *parkmánnii (= Lílium speciósum* x *Lílium aurátum).*
Der neuen Artbez. wird das Kreuzungszeichen x vorangesetzt.
Nach Durchführung von Protoplastenfusionen schreibt man allerdings z. B. *Nicotiána glauca (x) Nicotiána langsdórffii.* Dieser parasexuelle Vorgang ist schon erfolgreich gehandhabt worden.

c) Namen von Pfropfchimären (Pfropfbastarden), die aus Angehörigen verschiedener Arten derselben Gattung gebildet sind, z. B. *Syrínga + correláta (Syrínga* x chinénsis + *Syrínga vulgáris).* Der neuen Artbez. wird das Zeichen + vorangestellt.

3. der **Varietät** oder der **Sorte** (cultivar, Kulturvarietät = cv.). Cultivar ist die internationale Bezeichnung für die Gruppe, die in verschiedenen Ländern unter verschiedenen Namen bekannt ist, z. B. „variety" in Englisch; „variété" in Französisch; „variedad" in Spanisch; „Sorte" in Deutsch; „sort" in skandinavischen Sprachen und in Russisch: „ras" oder „varieteit" in Holländisch; „razza" in Italienisch. Es steht jedem frei, die Bezeichnung cultivar oder eine gleichwertige zu gebrauchen.

Anmerkung im Code: „Der Ausdruck ‚Varietät', soweit er auf kultivierte Pflanzen angewendet wurde, umfaßte oft sowohl Material aus der Wildflora als auch nur in Kultur bekanntes Material. Es wird in diesem Code empfohlen, daß der Ausdruck ‚Varietät' (abgekürzt var.) nur auf Pflanzen beschränkt bleibt, die wildwachsend vorkommen und Namen in lateinischer Form nach den Vorschriften des ‚Internationalen Code der Botanischen Nomenklatur' erhalten können."

Die Randstufe der Sorte haben auch

a) die **Linie,** das ist eine sich geschlechtlich vermehrende einheitliche Population (eine Vielheit von nicht völlig gleichen Individuen), die ausschließlich durch Samen oder Sporen vermehrt wird und deren Beständigkeit durch die Auslese auf einen Standard hin weiter erhalten wird. Die Abkürzung ln. kann dem Sortennamen vorangestellt werden, z. B. *Pétunia* ln. 'Rosy Morn';

b) der **Klon** (griechisch = Zweig, Sproß, Ableger, der zur Vermehrung abgeschnitten wird); er ist ein einheitliches Material, das, von einer Mutterpflanze stammend, ausschließlich vegetativ, z. B. durch Stecklinge, Teilungen, Pfropfungen u. a. vermehrt wird. Die Abkürzung cl. kann dem Sortennamen vorangestellt werden, z. B. *Syrínga vulgáris* cl. 'Decaisne'.

Von Meriklonen spricht man heute dann, wenn die Vermehrung durch das Meristemverfahren im Rahmen der Gewebekultur das Pflanzenmaterial lieferte.

Schreibweise, Aussprache und Betonung der botanischen Namen und Sortennamen

Die **Familiennamen** werden mit großen Anfangsbuchstaben geschrieben und enden allgemein auf „áceae", auf „ae" in einigen alternativen Ausnahmefällen. Darauf ist in der Liste der Pflanzenfamilien eingegangen worden.

Die **Gattungsnamen** werden immer mit großen Anfangsbuchstaben geschrieben.

Die **Art-** und **Varietätsbezeichnungen** werden heute allgemein mit kleinen Anfangsbuchstaben geschrieben, auch wenn sie von Eigennamen abgeleitet sind.

Die **Sortennamen** werden mit großen Anfangsbuchstaben geschrieben und in Einzelanführungsstriche '. . .' gesetzt. Wesentlich ist, daß beide Striche (Häkchen) oben sind und doppelte (Gänsefüßchen) nicht verwendet werden, z. B. *Cýclamen pérsicum* 'Leuchtfeuer'.

In der botanischen Literatur werden die üblichen Anführungsstriche „. . ." verwendet, um falsch gebrauchte Namen zu kennzeichnen, z. B. „Flieder" für *Sambúcus;* „Mimose" für *Acácia.*

Ein Sortenname kann auch gekennzeichnet werden durch Vorsetzen von cv. (cultivar); in diesem Falle sind die Einzelanführungsstriche '. . .' nicht notwendig, z. B. *Cýclamen pérsicum* cv. Leuchtfeuer. Werden die Häkchen dennoch gesetzt, widerspricht es nicht den Regeln.

Frühere Sortennamen in lateinischer Form bleiben erhalten, werden mit großen Anfangsbuchstaben geschrieben, aber in Einzelanführungsstriche '. . .' gesetzt, z. B. *Thúja orientális* 'Elegantíssima'.

Über **Aussprache** und **Betonung** bestehen keine botanischen Regeln, da beide in das philologische Gebiet (Sprachwissenschaft) gehören und die Auffassungen darüber unterschiedlich sind.

Im „Handwörterbuch der Pflanzennamen", 10. Auflage, 1972, heißt es:

„1. für Selbstlaute (Vokale)

a) **Alle Selbstlaute** werden **getrennt** gesprochen, z. B. *le-i-ánthus,* nicht leiánthus (glattblumig).

b) Das **i wird stets wie i,** nie wie j gesprochen, z. B. *ionánthus, nicht* jonánthus (veilchenblütig).

c) Das zu den Selbstlauten gezählte **y** wird **am Wortanfang wie j, innerhalb des Wortes wie ü** gesprochen, z. B. *yúlan* (Artbezeichnung einer Magnolie), sprich juhlan; *scotophýllus,* sprich skotofühl-lus (dunkelblättrig) – nicht zu verwechseln mit *scotóphilus;* sprich skotófilus (schattenliebend).

2. Für Mitlaute (Konsonanten)

a) **Alle c vor e, i, y wie z, sonst wie k,** z. B. *Acer, Cirsium, Cacália, Cúcumis* sprich wie Azer, Zirsium, Kakália, Kúkumis, **cc stets wie kz,** *coccíneus,* sprich wie kokzíne-us (scharlachrot). (Dem steht noch unentschieden die – wohlbegründete! – Lehrmeinung gegenüber, daß **alle** c wie k zu sprechen sind.)

b) Das **sch in rein griechischen Wörtern stets wie sk; in lateinischen wie sch** (beachte: alle Pflanzennamen werden nach lateinischen Regeln behandelt!) Für **ch** allein besteht keine Regel. (Vgl. die übliche Aussprache des ch in den drei deutschen Namen Eiche, Buche, Buchsbaum!)

c) **Alle ti stets wie ti,** nie wie zi; z. B. *lutetiánus,* sprich lutetiánus (nicht luteziánus!).

d) **gu, qu, su vor Selbstlauten stets wie gw, qw, sw,** z. B. *guineénsis, Quércus, suécicus,* sprich gwine-ehnsis, Kwérkus, swézikus oder swékikus.

e) **v stets wie w;** z. B. Víola, sprich Wíola.

f) Alle **Doppelmitlaute** sind als zwei Laute zu sprechen; z. B. *Scílla,* sprich Szil-la, *serrátus,* sprich ser-rátus."

Über die Betonung ist zu sagen, daß sie sich nach der Länge der Selbstlaute richtet, die aber in der griechischen und lateinischen Sprache auch wieder verschieden ist. Es ist deshalb schwierig, die richtige Betonung zu finden, wenn man nicht gleichzeitig Regeln und Wortschatz der betreffenden Sprache beherrscht.

Für den praktischen Gebrauch ergibt sich daher als sicherstes Mittel die **Gewöhnung an die richtige Betonung.** Um diese zu erreichen, empfiehlt es sich, die Namen immer mit den richtigen Betonungszeichen zu schreiben und auch zu drucken, z. B. in den Preisverzeichnissen.

Die Betonung liegt auf der Silbe, die ein Zeichen trägt (´). Umlaute haben als Betonungszeichen einen Querstrich mit Akzent *(á͞u, á͞e, ó͞e),* z. B. *á͞ureus, Dracá͞ena, Cratá͞egus, Microcó͞elum.*

Allgemein kann man sich merken:

Zweisilbige Wörter werden auf der ersten Silbe betont, z. B. *álbus* (= weiß); *rósa* (= rosa); *Béllis* (= Gänseblümchen).

Bei mehrsilbigen Wörtern liegt die Betonung auf der vorletzten Silbe, wenn diese lang ist, dagegen auf der drittletzten, wenn die vorletzte kurz ist, z. B. *lignósus* (= holzig), *bulbósus* (= zwiebelig); *Campánula scheúchzeri* (= Scheuchzers Glockenblume).

Einige Hinweise zur Anwendung von Familien-, Gattungs- und Artennamen in der Praxis

Leichtfertigkeit und Gleichgültigkeit im Umgang mit wissenschaftlichen Pflanzennamen können in zunehmendem Maße beobachtet werden. Das ist dem Ansehen der Gärtner und Floristen abträglich. Nicht selten ist aber auch Unkenntnis die Quelle von Fehlern. Einige gravierende sollen nachfolgend zwecks Ausmerzung aufgezeigt werden.

Selbst in Fachzeitschriften kann man manchmal etwa lesen: *„Quámoclit lobáta* ist eine *Convolvuláceae".* „Die gelappte Sternwinde ist eine Windengewächse". So hieße es dann in der deutschen Übersetzung. Der Fehler ist damit nachgewiesen. Die wissenschaftlichen Familiennamen stehen immer im Nominativ des Plurals einer a-Deklination, wie der Lateiner sagt. „Der Familienname der Art *Quámoclit lobáta* lautet *Convolvuláceae".* Das wäre in diesem Fall eine korrekte Handhabung. Man kann jedoch auch von der Familie der *Geraniceen, Primulaceen, Convolvulaceen* usw . sprechen.

Sogar der Ausbilder spricht vielleicht von 500 Omoriken, die verkauft werden sollen. Die in Rede stehende Art heißt aber vollständig *Pícea omórika,* was immer beachtet werden sollte.

Im übrigen werden die Arten stets im Singular (in der Einzahl) angegeben und stehen gleichzeitig für die Mehrzahl. Beispielsweise wurden 1000 *Cýclamen pérsicum* umgetopft. 1000 *Cylámina pérsica* zählt noch nicht einmal der eventuell altphilologisch sorgfältig geschulte Botaniker auf, obschon diese Pluralbildung nach den Deklinationsregeln der lateinischen Sprache an sich richtig wäre.

Das Geschlecht des Gattungsnamen ist nicht bedeutungslos, wie einige Hinweise zeigen werden (Einsetzen des richten Artikels).

Enden die Namen auf *-us* (entsprechend dem griechischen *-os*), sind sie in der Regel Maskulina (Beispiele: der *Helléborus,* der *Symphoricárpos*). Wissenschaftliche Baumnamen sind jedoch oft Feminina, weil nach der griechischen Mythologie entsprechende Gewächse von weiblichen Baumgeistern (Dryaden) bewohnt sein sollten. Es blüht also die *Prúnus* auffallend, die *Juníperus* aber kaum bemerkbar.

In überwiegender Zahl sind die auf *-a* endenden Gattungsnamen Feminina, Neutra allerdings z. B. *Aglaonéma* und *Delospérma.* Griechisch nema = Faden und sperma = Samen sind sächlich.

Gattungsnamen mit der Endung *-on* sind entweder Maskulina oder Neutra. Richtschnur ist die entsprechende griechische Herkunft. Es heißt der *Trago-*

pógon (gr. pogon = Bart) und der *Panstémon (gr.* stemon = *Kette).* Beide Substantive sind Maskulina. Das *Rhododendron* hingegen muß man deshalb sagen, weil in diesem Fall die Neutra-Endung *-on* (lat. *-um*) zuständig ist.

Bei *Aster* wird man sich auf das griechische Wort astron = Stern beziehen, das ein Maskulinum ist. Aber wer sagt schon ganz korrekt der Aster?

Auf *-ago* oder *-is* endende Namen sind fast immer Feminina (Beispiele: *Solidágo, Digitális).*

Die Endungen der Epitheta, der Artnamen im strengen Sinn des Wortes, richten sich, abgesehen von wenigen Ausnahmen, nach dem Geschlecht der Gattungsnamen (vergleiche mit den Ausführungen auf Seite 119).

Noch einmal sei gesagt. Dieses Wörterbuch arbeitet – wie auch andere Werke – mit Betonungszeichen über bestimmten Buchstaben oder Silben der wissenschaftlichen Pflanzennamen. Schon der Auszubildende sollte ernsthaft bestrebt sein, entsprechend zu betonen. Die Mühewaltung ist leicht. Sie zahlt sich aus.

Geschichtliches zur botanischen Nomenklatur (Kurzfassung)

Viele Pflanzennamen aus der Zeit der alten Römer und Griechen nachweisbar. Entsprechende wichtige Werke:

Historia plantarum (Theophrast)
Materia medica (Dioskorides)
Naturalis historia (Plinius).

Überbleibsel damaliger Namen auch in heutiger Nomenklatur vorkommend, aber mitunter für andere Pflanzen als seinerzeit eingesetzt. Bei Griechen und Römern des Altertums noch nicht klare Unterscheidung zwischen Gattungen und Arten.

Ausnahme Plinius: Unterschied z. B. bei Pappeln schon 3 Genera („Geschlechter"):

Populus nigra
Populus alba
Populus lybica.

Im Mittelalter Araber, Kloster- und Medizinschulen Bewahrer alter Pflanzenkenntnisse, aber kritiklos.

Im 17. Jahrhundert Bemühung Caspar Bauhins um Ordnung der bereits bestehenden nomenklatorischen Wirrnisse. Titel seines Werks:

Pinax theatri botanici (1623).

In der Folgezeit immer klarere Herausarbeitung von Arten. Zu ihrer Kennzeichnung und Beschreibung Einsatz von sogenannten Phrasen.

Beispiel:
Trifoliastrum pratense corymbiferum majus repens, foliis rotundioribus alba et sagittata macula notatis, corymbis florum magis sparsis, pediculis longissimis insidentibus, siliquis tetraspermis.

Forderung von Tournefort 1694:
Nomina breviora sint
(Die Namen sollten kürzer sein).

Heutiger Name der beschriebenen Art ohne Phrase: *Trifólium praténse,* Rotklee.

Stufenweise Abkehr von den Phrasen durch Carl Linné (nannte sich einmal „Buchhalter Gottes"). Seine Werke u. a.:
Critica botanica (1737).
Schaffung von Regeln für sprachliche Formung, Bewertung und Bedeutung der Gattungsnamen, Nachteil: Teilweise Zerstörung und Unzulänglichmachung der älteren Gattungsnomenklatur.
Um aber Phrasen kürzer zu handhaben, Linnés Anliegen in Folgezeit auf Bildung von Nomina specifica ausgerichtet.
Noch ganz phytographisch (pflanzenbeschreibend) orientiertes Zitat von ihm: „Nomen specificum est differentia essentialis" (der Artsname, die Phrase, gibt wesentliche Unterscheidungsmerkmale an).

Entscheidender Schritt Linnés in Philosophia botanica (1751). Übergang von den Nomina specifica zu Nomina trivialia. Nomen triviale = beliebiges lateinisches Wort (meist ohne phytographische Absichten) als Zusatz zum Gattungsnamen. Eigentlicher Anbeginn binärer Nomenklatur (nach Gattungsname folgt ein Epitheton als Artbezeichnung im engeren Sinn).
Technik der binären Benennung im weiteren Verlauf unaufhaltsam. In Linnés Species plantarum (1753) Darbietung aller damals bekannten Pflanzenarten mittels Gattungs- und Epithetonangaben.
Linné nicht „Erfinder" der binären Nomenklatur. Sein eigentliches Verdienst ist das Bestreben straffer Durchführung und das Erkennen der Bedeutsamkeit eines solchen Verfahrens.

Nachfolgender Weg zur Entstehung international verbindlicher Nomenklaturregeln langwierig:
1867 berief die Société botanique de France Kongreß in Paris ein. Ergebnisse u. a.:
Einführung der Prioritätsregel (nur älterer Name soll gelten, sofern er den Regeln entspricht), verbunden mit Autorzitatangabe (z. B. L. für Linné).
1905 Konzeption der „Wiener Regeln", veröffentlicht 1906 als Internationale Regeln der botanischen Nomenklatur.
Empfohlen wurde u. a. Beibehaltung gewisser Gattungsnamen, zusammengefaßt in Liste der Nomina generica conservanda entgegen der Priorität.

Amerikaner steuerten dagegen. Entstehung des American Code of Nomenclature mit Festlegung der Namen auf nomenklatorische Typen, verbessert 1921 als American Type-basis Code herausgegeben.
Kongresse in Cambridge (1930) und Amsterdam (1935) wirkten stabilisierend und berücksichtigten den amerikanischen Code.
Weitere Kongresse folgten bis in die Jetztzeit.

Heutiges Regelwerk im ICBN (Internationaler Code der Botanischen Nomenklatur) fest verankert.
Im letzten Weltkongreß 1993 in Tokio wichtige Beschlußfassung:
Vom Jahr 2000 an wissenschaftlicher Name neu entdeckter Arten nur dann gültig, wenn ihre Aufnahme in Zentralregister erfolgt ist. Zweck: Verhinderung von Unsicherheiten bei Neu- und Umbenennungen von Pflanzen. Ort des Internationalen Pflanzenregisters vielleicht Botanischer Garten und Botanisches Museum in Berlin.

Schlußbemerkungen:
Die Internationale Vereinigung der Pflanzentaxonomen (IATP) hat die letzten Jahrzehnte wirksam gearbeitet. Ihre Tätigkeit muß sich künftig zunehmend darauf konzentrieren, daß sich Taxonomen nicht im eigenen Regelwerk verheddern werden, sondern sich in ihm ohne Schwierigkeiten zurechtfinden können.

Taxonomen benennen, beschreiben und ordnen die Lebewesen entweder willkürlich oder unter weitgehender Berücksichtigung biologischer Systematik im Sinn der Verwandtschaftsforschung. In einem solchen Rahmen ist die Frage des Handhabens wissenschaftlicher Pflanzenbenennung an sich ein praktisch-technisches und eigentlich nicht ein wissenschaftliches Problem der Botanik.

Einjährige Pflanzen

Sommerannuelle und Winterannuelle ⊙

(Blumen, die als einjährige Pflanzen kultiviert werden können. Bedeutung der Zahlen hinter den Artnamen siehe S. 159)
Zeichenerklärung: ≀ Kletter- bzw. Schlingpflanzen, ≀ Hängepflanzen, ✂ als Schnittblumen verwendbar

Abelmóschus	**moschátus**	2	Moschusvater	Malváceae
Abrónia	**umbelláta**	1	Abronie	Nyctagináceae
Adónis	**aléppica**	1	Sommerbluts-tröpfchen	Ranunculáceae
Agératum	**houstoniánum**	3	Ageratum	Asteráceae
Agróstis	**nebulósa** ✂	1a	Straußgras	Poáceae
Alónsoa	**meridionális**	3	Alonsoa	Scrophularíáceae
Alcéa	**rósea**	1a	Stockmalve	Malváceae
Alýssum	**marítimum**		siehe bei **Lobularia**	**maritima**
Amaránthus	**caudátus**	3	Gartenfuchsschwanz	Amarantháceae
Amaránthus	**hýbridus**		Bastard-Fuchsschwanz	
Amaránthus	**hypochondría-cus**	1,3	Fuchsschwanz	
Amaránthus	**retrofléxus**	3	Ackerfuchsschwanz	
Amberbóa	**mascháta**	1	Duftflockenblume	Asteráceae
Ammi	**május** ✂	1a	Knorpelmöhre	Apiáceae
Ammóbium	**alátum** ✂	5	Papierknöpfchen	Asteráceae
Anagállis	**monélli** subsp. **linifólia**	1a	Gauchheil	Primuláceae
Anastática	**hierochúntica**	1a	Rose von Jericho	Brassicáceae
Anchúsa	**capénsis**	4	Ochsenzunge	Boragináceae
Antirrhínum	**május** ✂	1a	Löwenmaul	Scrophulariáceae
Arctótis	**breviscápa**	5	Bärenohr	Asteráceae
Argemóne	**polyánthemos**	1	Stachelmohn	Papaveráceae
Artemísa	**ánnua**	1,2	Artemisia	Asteráceae
Asteríscus	**pygmaeus**	1a	Rose von Jericho	Asteráceae
Asarína	**scandens** ≀	3	Maurandie	Scrophulariáceae
Basélla	**álba (rubra)**	2	Ind. Spinat	Basélláceae
Bácopa	**monniéri**	3	Bacopa	Scrophulariáceae
Begónia	**grácilis**	3	Begonie, Schiefblatt	Begoniáceae
Begónia	**-Semperflórens -Hybriden**		Begonie, Schiefblatt	
Brachý(s)come	**iberidifólia** ≀	5	Brachycome	Asteráceae
Brachý(s)come	**multítida**	5	Brachycome	
Bríza	**máxima** ✂	1a	Zittergras	Poáceae
Brómus	**lanceolátus** ✂	1a	Trespe	Poáceae

Calandrínia	**umbelláta**	3	Calandrine	Portulacáceae
Caléndula	**officinális**	1a	Garten-Ringelblume	Asteráceae
Callístephus	**chinénsis**	1	Sommeraster	Asteráceae
Cánnabis	**satíva**	1,2	Hanf	Moráceae
Cardiospérmum	**halicácabum** ≀	3	Ballonpflanze	Sapindáceae
Celósia	**cristáta**	2	Celosie	Amarantháceae
	'Cristáta'		Hahnenkamm	
	'Plumosá'		Federbusch-Celosie	
Centauréa	**americána**	1,3	Flockenblume	Asteráceae
Centauréa	**cýanus**	1a	Kornblume	
Centránthus	**macrósiphon**	1a	Spornblume	Valerianáceae
Cerínthe	**májor**	1a	Wachsblume	Boragináceae
Chrysánthemum	**carinátum** ✂	1a	Wucherblume	Asteráceae
Chrysánthemum	**coronárium** ✂	1a	Wucherblume	
Chrysánthemum	**ségetum** ✂	1	Wucherblume	
Chrysánthemum	x **spectábile** ✂		Wucherblume	
Clárkia	**amóena**	1	Clarkie, Godetie	Onagráceae
Clárkia	**concínna**	1	Clarkie	
Clárkia	**unguiculáta**	1	Clarkie	
Clárkia	**pulchélla**	1	Clarkie	
Cleóme	**spinósa**	3	Cleome, Spinnenpfl.	Capparáceae
Cobáea	**scándens** ≀	3	Glockenrebe	Polemoniáceae
Coleóstephus	**multicáulis**	1a	vielst. Chrysanthemum	Asteráceae
Cóix	**lácryma-jóbi**	2	Hiobsträne	Poáceae
Collínsia	**heterophýlla**	1	Collinsie	Scrophulariáceae
Collínsia	**vérna**	1	Collinsie	
Collómia	**cavanillésii**	3	Collomie, Leimsaat	Polemoniáceae
Consólida	**ajácis**	1a	Rittersporn	Ranunculáceae
Consólida	**regális**	1	Rittersporn	
Coreópsis	**basális**	3	Mädchenauge	Asteráceae
Coreópsis	**bigelóvii**	1	Mädchenauge	
Cósmos	**bipinnátus** ✂	3	Kosmee, Schmuck-körbchen	Asteráceae
Cósmos	**sulphúreus**	3	Kosmee	
Crépis	**rúbra**	1a	Pippau	Cichoriáceae
Cucúrbita	**pépo**	3	Kürbis	Cucurbitáceae
Cuphéa	**lanceoláta**	3	Köcherblümchen	Lythráceae
Datúra	**ceratocáula**	3	Stechapfel	Solanáceae
Diánthus	**chinénsis**	1	Chinesische Nelke	Caryophylláceae
Diáscia	**bárberae**	4	Diascie	Scrophulariáceae
Didíscus	**caerúleus**	5	Blaudolde	Apiáceae
Dimorphothéca	**pluviális**	4	Kapkörbchen	Asteráceae
Dimorphothéca	**sinuáta**	4	Kapkörbchen	
Dólichos	**láblab** ≀	2	Faselbohne	Fábáceae

Dorotheánthus	**bellidifórmis**	4	Dorotheanthus	Aizoáceae
Eccremocárpus	**scáber** ⸾	3	Schönranke	Bignoniáceae
Echium	**plantagíneum**	1a	Natterkopf	Boragináceae
Eródium	**gruínum**	1a	Reiherschnabel	Geraniáceae
Erýsimum	**perovskiánum**	1	Schöterich	Brassicáceae
Eschschólzia	**califórnica**	1	Goldmohn	Papaveráceae
Fibígia	**clypéata**	1a	Schildkresse	Brassicáceae
Gaillárdía	**amblýodon**	3	Kokardenblume	Asteráceae
Gaillárdía	**pulchélla** var. **pícta** ✂	1	Kokardenblume	
Gazánia	**lineáris**	4	Gazanie	Asteráceae
Gazánia	**-Hybriden**		Gazanie	
Gília	**trícolor**	1	Gilie	Polemoniáceae
Glaúcium	**corniculátum**	1	Roter Hornmohn	Papaveráceae
Gomphréna	**globósa**	3	Kugelamarant	Amarantháceae
Gypsóphila	**élegans**	1	Schleierkraut	Caryophylláceae
Gypsóphila	**murális**	1	Schleierkraut	
Hebenstrétia	**dentata**	4	Hebenstretie	Scrophulariáceae
Heliánthus	**ánnuus**	1,3	Sonnenblume	Asteráceae
Helichrýsum	**apiculátum** ✂	5	Garten-Strohblume	Asteráceae
Helichrýsum	**bracteátum** ✂ 'Monstrósum'	5	Garten-Strohblume	
Heliotrópium	**arboréscens**	3	Heliotrop	Boragináceae
Helípterum	**humboldtiánum**	5	Sonnenflügel	Asteráceae
Helípterum	**manglésii** ✂	5	Sonnenflügel	
Helípterum	**róseum** ✂	5	Sonnenflügel	
Hibíscus	**triónum**	1	Stundeneibisch	Malváceae
Hórdeum	**jubátum**	1,3	Mähnengerste	Poáceae
Húmulus	**japónicus** ⸾	1	Japanischer Hopfen	Moráceae
Hunnemánnia	**fumariifólia**	3	Hunnemannie	Papaveráceae
Hymenostémma	**paludósum** ✂	1a	Wucherblume	Asteráceae
Ibéris	**amára**	1	Schleifenblume	Brassicáceae
Ibéris	**umbelláta**	1a	Schleifenblume	
Impátiens	**balsámina**	1,2	Balsamine, Springkr.	Balsamináceae
Ipomóea	**trícolor** ⸾	3	Prunkwinde	Convolvuláceae
Isotóma	**axilláris**	5	Isotoma	Campunuláceae
Kóchia	**scopária** 'Trichophylla'	1	Besenkraut, Rote Sommerzypresse	Chenopodiáceae
Lagúrus	**ovátus**	1a	Hasenschwanzgras	Poáceae
Lantána	**-Camára -Hybriden**		Wandelröschen	Verbenáceae
Láthyrus	**odorátus**	1a	Wohlriech. „Wicke"	Fabáceae

Lavátera	**triméstris** ✂	1a	Sommer-Lavatere	Malváceae
Laýia	**platyglóssa**	1	Laya	Asteráceae
Limnánthes	**douglásii**	1	Sumpfblume	Limnantháceae
Linária	**alpína**	1	Leinkraut	Scrophulariáceae
Linária	**Bipartíta -Hybriden**		Leinkraut	
Línum	**grandiflórum**	1a	Lein	Lináceae
Loása	**úrens**	3	Loasa	Loasáceae
Lobélia	**erínus**	4	Lobelie	Campanuláceae
Lobulária	**marítima**	1a	Duft-Steinrich	Brassicáceae
Lónas	**ánnua**	1a	Schein-Achillea	Asteráceae
Malópe	**trífida**	1a	Malope	Malváceae
Matthiola	**incána** 'Annua'	1a	Sommerlevkoje	Brassicáceae
Matthiola	**incána** 'Autumnális'		Herbstlevkoje	
Mentzélia	**lindléyi**	1	Mentzelie	Loasáceae
Mesembry-ánthemum	**crystállinum**	4	Mittagsblume	Aizoáceae
Molucélla	**láevis** ✂	1	Muschelblume	Lamiáceae
Monópsis	**lútea**	4	Monopsis	Campanuláceae
Nemésia	**-Hybriden**		Nemesie	Scrophulariáceae
Nemóphila	**menziésii**	1	Hainblume	Hydrophylláceae
Nicándra	**physalódes**	3	Nicandra	Solanáceae
Nicotiána	**langsdórffii**	3	Tabak	Solanáceae
Nicotiána	x **sánderae**		Tabak	Solanáceae
Nigélla	**damascéna**	1a	Jungfer im Grünen	Ranunculáceae
Omphalódes	**linifólia**	1	Weißes Sommer-Vergißmeinnicht	Boragináceae
Osteospérmum	**ecklónis**	4	Osteospermum	Asteráceae
Papáver	**gláucum**	1	Tulpenmohn	Papaveráceae
Papáver	**rhóeas**	1	Klatschmohn	
Papáver	**somníferum**	1a	Schlafmohn	
Pennisétum	**setáceum**	1a	Borstengras	Poáceae
Pennisétum	**villósum**	2	Lampenputzergras	
Penstémon	**-Barbátus- -Hybriden**		Penstemon	Scrophulariáceae
Perilla	**frutéscens**	1,2	Schwarznessel	Lamiáceae
Petúnia	**-Hybriden**		Gartenpetunie	Solanáceae
Phacélia	**campanulária**	1	Phacelie	Hydrophylláceae
Phálaris	**canariénsis**	1a	Kanarengras	Poáceae
Pharbítis	**hederácea** ⌇	3	Winde	Convolvuláceae
Pharbítis	**purpúrea** ⌇	3	Winde	
Phaséolus	**coccíneus** ⌇	3	Feuer-, Prunkbohne	Fabáceae
Phlox	**drummóndii**	3	Einjahrsphlox	Polemoniáceae

Phýsalis	**peruviána**	3	Andenbeere	Solanáceae
Polýgonum	**orientále**	2	Orient-Knöterich	Polygonáceae
Polypógon	**monspeliénsis**	1,1a	Bürstengras	Poáceae
Portuláca	**grandiflóra**	3	Großblütiger Portulak	Portulácaceae
Psylliostáchys	**suwoŕowii** ✂	1a	Statice, Widerstoß	Plumbagináceae
Reséda	**odoráta**	1a	Gartenreseda	Resedáceae
Rícinus	**commúnis**	2	Wunderbaum	Euphorbiáceae
Rudbéckia	**hírta**	1	Rudbeckie	Asteráceae
Salpiglóssis	**sinuáta**	1	Trompetenzunge	Solanáceae
Sálvia	**farinácea**	3	Salvie	Lamiáceae
Sálvia	**spléndens**	3	Salbei, Prachtsalbei	
Sálvia	**víridis**	1a	Salbei	
Sanvitália	**procúmbens**	3	Sanvitalie	Asteráceae
Saponária	**calábrica**	1a	Seifenkraut	Caryophylláceae
Scabiósa	**atropurpúrea**	1a	Skabiose	Dipsacáceae
Scabiósa	**stelláta**	1a	Sternskabiose	
Schizánthus	**-Wisetonénsis -Hybriden**		Spaltblume	Solanáceae
Sédum	**caerúlum**	1a	Fetthenne	Crassuláceae
Senécio	**bícolor**	1a	Kreuzkraut	Asteráceae
Senécio	**élegans**	4	Kreuzkraut	
Siléne	**cōeli-rósa**	11a	Himmelsröschen, Leimkraut	Caryophylláceae
Státice	siehe gültig bei **Limónium** und **Psylliostáchys**			
Tagétes	**Erécta -Hybriden** ✂		Sammetblume	Asteráceae
Tagétes	**Pátula -Hybriden**		Sammetblume	Asteráceae
Tanacétum	**parthénium**	1	Mutterkraut	Asteráceae
Thunbérgia	**aláta** ⌇	4	Schwarze Susanne	Acantháceae
Thymóphylla	**tenuilóba**	3	Thymophylla	Asteráceae
Tithónia	**rotundifólia**	3	Tihonie	Asteráceae
Torénia	**fourniéri**	2	Torenie	Scrophulariáceae
Tropǽolum	**május**	3	Kapuzinerkresse	Tropaeoláceae
Ursinia	**speciósa**	4	Ursinie	Asteráceae
Vaccária	**hispánica**	1,1a	Kuhkraut	Caryophylláceae
Venídium	**festuósum**	4	Venidium	Asteráceae
Verbéna	**bonariénsis**	3	Verbene	Verbenáceae
Verbéna	**-Hybriden**		Garten-Verbene	
Verbéna	**rígida**	3	Verbene	
Xeránthemum	**ánnuum** ✂	1,2	Papierblume	Asteráceae
Zínnia	**élegans** ✂	3	Zinnie	Asteráceae
Zínnia	**angustifólia** ✂	3	Zinnie	
Zínnia	**haageána** ✂	3	Zinnie	

Zweijährige Pflanzen

Bienne Pflanzen⊙

(Blumen, die als zweijährige Pflanzen kultiviert werden können. Bedeutung der Artnamen hinter den Zahlen siehe S. 159)
Zeichenerklärung: ✂ als Schnittblumen verwendbar

Alcéa	**rósea**	1a	Stockmalve, Stockrose	Malváceae
Anchúsa	**azúrea**	1a	ital. Ochsenzunge	Boragináceae
Béllis	**perénnis**	1	Gänseblümchen	Asteráceae
Campánula	**médium** ✂	1,1a	Marienglocken-blume	Campanuláceae
Campánula	**thyrsoídes**	1	Glockenblume	
Cheiranthus	**chéiri**	1a	Goldlack	Brassicáceae
Diánthus	**barbátus**	1	Bartnelke	Caryophylláceae
Digitális	**purpúrea**	1,1a	Fingerhut	Scrophulariáceae
Erýngium	**gigantéum** ✂	1	Elfenbeindistel	Apiáceae
Heracléum	**mantegaz-ziánum**	1	Herkuleskraut	Apiáceae
Ipomópsis	**rúbra**	1	Krähenfuß	Polemoniáceae
Limónium	**bonduéllei** ✂	1a	„Statice", Widerstoß	Plumbagináceae
Limónium	**sinuátum** ✂	1a	„Statice„, Widerstoß	
Lunária	**ánnua**	1a	Judas-Silberling	Brassicáceae
Matthíola	**incána** 'Hiberna' ✂	1a	Winterlevkoje	Brassicáceae
Myosótis	**-Hybriden**		Vergißmeinnicht	Boragináceae
Onopórdum	**acánthium**	1	Eselsdistel	Asteráceae
Oenothéra	**erythrosépala**	1	Nachtkerze	Onagráceae
Verbáscum	**bombycíferum**	1	Königskerze	Scrophulariáceae
Verbáscum	**olýmpicum**	1a	Königskerze	
Víola	**-Wittrockiána -Hybriden**		Gartenstief-mütterchen	Violáceae

Anmerkung: Zwischen einjährigen und zweijährigen Arten läßt sich des öfteren keine strenge Grenze ziehen, manchmal auch nicht zwischen zweijährigen und Stauden. In solchen Zweifelsfällen sollten beim Zuordnungsbemühen die Gegebenheiten der gärtnerischen Kulturpraxis berücksichtigt werden. In diesem Sinn ist in unserem Buch vorgegangen worden.

Freilandstauden

Perennierende Pflanzen♃

(Bedeutung der Zahlen hinter den Artnamen siehe S. 159)
Zeichenerklärung: ✂ als Schnittblumen verwendbar, ^ Winterschutz erforderlich

Acǽna	**buchanánii**	2	Stachelnüßchen	Rosáceae
Acǽna	**microphýlla**	2	Stachelnüßchen	
Acǽna	**nóvae-zelándiae**	2	Stachelnüßchen	
Acantholímon	**glumáceum**	1	Igelpolster	Plumgagináceae
Acánthus	**hungáricus** ✂	1	Akanthus	Acantháceae
Acánthus	**móllis** ^	1a	Akanthus	
Achilléa	**ageratifólia**	1	Silbergarbe	Asteráceae
Achilléa	**filipendulína** ✂	1	Garbe	
Achilléa	**millefólium** ✂	1,2,5	Scharfgarbe	
Achilléa	**ptármica**	1	Sumpfgarbe	
Achilléa	**tomentósa**	1	Gelbe Garbe	
Achnátherum	**calamagróstis** ^	1	Rauhgras	Poáceae
Aconítum	x **aréndsii** ✂		Eisenhut	Ranunculáceae
Aconítum	**carmichaélii** ✂ var. **wílsonii**	1	Eisenhut	
Aconítum	**físcheri**	1	Eisenhut	
Aconítum	**napéllus**	1	Eisenhut, Sturmhut	
Actǽa	**spicáta**	1	Schwarzfrüchtiges Christophskraut	Ranunculáceae
Actǽa	**rúbra**	1	Christophskraut	
Actǽa	**pachýpoda**	1	Christophskraut	
Adiántum	**pedátum**	1	Pfauenradfarn	Adiantáceae
Adónis	**vernális**	1	Adonisröschen	Ranunculáceae
Adónis	**amurénsis**	1	Adonisröschen	
Ajuga	**réptans**	1	Güldengünsel	Lamiáceae
Alchemílla	**alpína**	1	Frauenmantel	Rosáceae
Alchemílla	**erythrópoda**	1	Frauenmantel	
Alchemílla	**móllis**	1	Frauenmantel	
Alýssum	**saxátile**	1	Felsensteinkraut	Brassicáceae
Anáphalis	**margaritácea**	1	Silberimmortelle	Asteráceae
Anáphalis	**triplinérvis**	1	Perlkörbchen	
Andrósace	**sarmentósa**	1	Mannsschild	Primuláceae
Anemóne	**apennína**	1a	Anemone	Ranunculáceae
Anemóne	**blánda**	1	Anemone	
Anemóne	**coronária** ✂	1a	Anemone	
Anemóne	x**fúlgens** ✂		Anemone	
Anemóne	**hupehénsis** ✂	1	Herbstanemone	

Anemóne	**-Japónica -Hybriden** ✂		Anemone	Ranunculáceae
Anemóne	**nemorósa**	1	Buschwindröschen	
Anemóne	**sylvéstris**	1	Anemone	
Antennária	**dioíca**	1	Katzenpfötchen	Asteráceae
Anthemis	**marschalliána**	1	Goldkamille	Asteráceae
Anthemis	**tinctória**	1	Färber-Kamille	
Anthýllis	**montána**	1,1a	Bergwundklee	Fabáceae
Apocýnum	**cannabínum**	1	Hundsgift	Apocynáceae
Aquilégia	**flabelláta**	1	Akelei	Ranunculáceae
Aquilégia	**chrysántha**	1	Akelei	
Aquilégia	**-Hybriden** ✂		Akelei	
Aquilégia	**vulgaris**	1,1a	Akelei	
Árabis	x **aréndsii**		Gänsekresse	Brassicáceae
Arabis	**caucásica**	1,1a	Gänsekresse	
Arabis	**procúrrens**	1	Gänsekresse	
Arabis	x **suendermánnii**		Gänsekresse	
Arenária	**montána**	1a	Sandkraut	Caryophylláceae
Arméria	**marítima**	1	Grasnelke	Plumbagináceae
Arnébia	**púlchra** ^	1	Prophetenblume	Boragináceae
Artemísia	**schmidtíana**	1	Edelraute	Asteráceae
Artemísia	**stelleriána**	1	Edelraute	
Artemísia	**umbellifórmis**	1	Edel-, Silberraute	
Arúncus	**dioícus**	1	Geißbart	Rosáceae
Arúndo	**dónax** ^	1,3	Pfahlrohr	Poáceae
Asarína	**procúmbens** ^	1	Asarine	Scrophulariáceae
Asarum	**europaéum**	1	Haselwurz	Aristolochiáceae
Asphodelíne	**lútea** ^	1a	Junkerlilie	Liliáceae
Asphódelus	**álbus**	1,1a	Affodill	Liliáceae
Asplénium	**adiántum-nigrum**	1,1a	Streifenfarn	Aspleniáceae
Asplénium	**rúta-murária**	1,1a	Mauerraute	
Asplénium	**trichómanes**	1–5	Steinfeder	
Aster	**alpínus**	1	Alpenaster	Asteráceae
Aster	**améllus**	1	Bergaster	
Aster	**cordifólius**	1	Schleieraster	
Aster	**divaricátus**	1	Sperrige Aster	
Aster	**-Dumósus -Hybriden**		Zwergherbstaster	
Aster	**ericoídes** ✂	1	Aster	
Aster	**linosýris**	1	Goldhaaraster	
Aster	**nóvae-ángliae** ✂	1	Rauhblattaster	
Aster	**nóvi-bélgii** ✂	1	Glattblattaster	

Aster	**-Prínglei-Hybriden** ✂		Schmetterlingsaster	Asteráceae
Aster	**tongolénsis**	1	Frühlingsaster	
Asteríscus	**maritimus** ^	1a	Asteriscus	Asteráceae
Astílbe	**-Aréndsii-Hybriden**		Astilbe	Saxífragáceae
Astílbe	**chinénsis**	1	Astilbe	
Astílbe	**-Críspa-Hybriden**		Astilbe	
Astílbe	**-Japónica-Hybriden** ✂		Astilbe	
Astílbe	**-Simplicifólia-Hybriden**		Astilbe	
Astílbe	**-Thunbérgii-Hybriden**		Astilbe	
Astrágalus	**centralpínus**	1	Tragant	Fabáceae
Astrántia	**májor**	1,1a	Sterndolde	Apiáceae
Athýrium	**filix-fémina**	1,1a,3	Frauenfarn	Athyriáceae
Aubriéta	**-Hybriden**		Aubrietie, Blaukissen	Brassicáceae
Azorélla	**trifurcáta** ^	3	Andenpolster	Apiáceae
Bergénia	**cordifólia**	1	Bergenie	Saxifragáceae
Bergénia	**crassifólia**	1	Bergenie	
Bléchnum	**spícant**	1	Rippenfarn	Blechnáceae
Boltónia	**asteroídes**	1	Sternwolkenaster	Asteráceae
Bouteloúa	**oligostáchya**	1,3	Moskitogras	Poáceae
Bríza	**média**	1	Zittergras	Poáceae
Brúnnera	**macrophýlla**	1	Kaukasusvergißmeinnicht	Boragináceae
Buglossoídes	**purpúreo-caerúlea**	1	Steinsame	Boragináceae
Buphthálmum	**salicifólium**	1	Ochsenauge	Asteráceae
Calamagróstis	x **acutiflóra**		Reitgras	Poáceae
Calamíntha	**népata**	1	Steinquendel	Lamiáceae
Camássia	**quámash** ^	1	Prärielilie	Liliáceae
Campánula	**carpática**	1	Glockenblume	Campanuláceae
Campánula	**cochleariifólia**	1	Glockenblume	
Campánula	**gargánica** ^	1,1a	Glockenblume	
Campánula	**glomeráta**	1	Knäuel-Glockenblume	
Campánula	**latifólia**	1	Glockenblume	
Campánula	**persicifólia** ✂	1	Glockenblume	
Campánula	**porten-schlagiána**	1	Glockenblume	

Campánula	**poscharskyána**	1a	Glockenblume	Campanuláceae
Campánula	**pyramidális** ^	1,1a	Glockenblume	
Cárex	**buchanánii**	2	Segge	Cyperáceae
Cárex	**gráyi**	1	Segge (Morgenstern)	
Cárex	**morrówii**	1	Segge	
Cárex	**muskingumén-sis**	1	Segge	
Carlína	**acáulis**	1,1a	Silberdistel	Asteráceae
Carlína	**vulgáris**	1	Eberwurz	
Centauréa	**dealbáta**	1	Flockenblume	Asteráceae
Centauréa	**macrocéphala**	1	Flockenblume	
Centauréa	**montána**	1,1a	Flockenblume	
Centránthus	**rúber**	1,1a	Spornblume	Valerianáceae
Cephalária	**gigantéa**	1	Schuppenkopf	Dipsacáceae
Cerástium	**bieberstéinii**	1	Hornkraut	Caryophylláceae
Cerástium	**tomentósum** var. **colúmnae**	1a	Hornkraut	
Ceratostígma	**plumbagi-noídes**	1,1a	Ceratostigma	Plumbagináceae
Chelóne	**oblíqua**	1	Chelone	Scrophulariáceae
Chiastophýllum	**oppositifólium**	1	Goldtröpfchen	Crassuláceae
Chrysánthe-mum s. S. 40-41	**coccíneum**	1	Bunte Margerite „Pyrethrum"	Asteráceae
Chrysanthe-mum s. S. 40	**-Indicum -Hybriden**		Crysantheme	
Chrysánthe-mum s. S. 40	**leucánthemum**	1	Wiesenmargerite	Asteráceae
Chrysánthe-mum s. S. 40	**máximum** ✂	1	Sommermargerite	
Chrysógonum	**virginiánum**	1	Goldkörbchen	Asteráceae
Cimicífuga	**japónica**	1	Silberkerze	Ranunculáceae
Cimicífuga	**racemósa**	1	Silberkerze	
Cimicífuga	**símplex**	1	Silberkerze	
Convallária	**majális** ✂	1	Maiglöckchen	Lílíáceae
Coreópsis	**grandiflóra** ✂	1,3	Mädchenauge	Asteráceae
Coreópsis	**lanceoláta** ✂	1,3	Mädchenauge	
Coreópsis	**verticilláta**	1	Mädchenauge	
Coronílla	**coronáta**	1,1a	Kronwicke	Fabáceae
Cortadéria	**selloána**	3	Pampasgras	Poáceae
Corýdalis	**lútea**	1,1a	Lerchensporn	Papaveráceae
Cótula	**dioíca**	2	Laugenblume	Asteráceae
Cótula	**squálida**	2	Laugenblume	
Crámbe	**cordifólia**	1	Meerkohl	Brassicáceae
Cýclamen	**cóum**	1	Alpenveilchen	Primuláceae

Cýclamen	**hederifólium**	1a	Alpenveilchen	Primuláceae
Cýclamen	**purpuráscens**	1	Alpenveilchen	
Cystópteris	**bulbífera**	1	Bulbenblasenfarn	Athyriáceae
Cystópteris	**frágilis**	1–5	Felsblasenfarn	
Dármera	**peltáta**	1	Schildblatt	Saxifragáceae
Delphínium	**-Hybriden**		Garten-Rittersporn	Ranunculáceae
Deschámpsia	**caespitósa**	1,2	Schmiele	Poáceae
Diánthus	**arenárius**	1	Sandnelke	Caryophylláceae
Diánthus	**carthusianórum**	1	Kartäusernelke	
Diánthus	**caryophýllus** ✂	1a	Gartennelke	
Diánthus	**deltoídes**	1	Heidenelke	
Diánthus	**gratianopo-litánus**	1,1a	Pfingstnelke	
Diánthus	**plumárius**	1	Echte Federnelke	
Diánthus	**supérbus**	1	Prachtnelke	
Dicéntra	**exímia**	1	Tränendes Herz	Papaveráceae
Dicéntra	**formósa**	1	Tränendes Herz	
Dicéntra	**spectábilis** ✂	1	Tränendes Herz	
Dictámnus	**álbus**	1,1a	Diptam	Rutáceae
Dodecátheon	**meádia**	1	Götterblume	Primuláceae
Dorónicum	**orientále**	1	Gemswurz	Asteráceae
Dorónicum	**plantagíneum** ✂	1	Gemswurz	
Drába	**aizoídes**	1	Hungerblümchen	Brassicáceae
Drósera	**rotundifólia**	1,1a	Sonnentau	Droseráceae
Drýas	x **suender-mánnii**		Silberwurz	Rosáceae
Drýas	**octopétala**	1	Silberwurz	
Dryópteris	**affínis**	1,2	Goldschuppenfarn	Aspidiáceae
Dryópteris	**fílix-más**	1,3	Wurmfarn	
Echínops	**bannáticus**	1	Kugeldistel	Asteráceae
Echínops	**rítro**	1,1a	Kugeldistel	
Echínops	**sphaerocé-phalus**	1,1a	Kugeldistel	
Epimédium	**grandiflórum**	1	Elfenblume	Berberidáceae
Epimédium	x **rúbrum**		Elfenblume	
Epimédium	x **versícolor**		Elfenblume	
Epimédium	x **youngiánum**		Elfenblume	
Eremúrus	**elwésii** ^		Steppenkerze	Liliáceae
Eremúrus	**robústus** ^	1	Steppenkerze	
Eremúrus	**spectábilis** ^	1	Steppenkerze	
Eremúrus	**stenophýllus** ^	1	Steppenkerze	
Erígeron	**karvinskiánus**	3	Berufkraut	Asteráceae
Erígeron	**speciósus**	1	Berufkraut	
Erínus	**alpínus**	1,1a	Alpenbalsam	Scrophulariáceae

Eriophýllum	**lanátum**	1	Wollblatt	Asteráceae
Eródium	**reichárdii** ^	1a	Reiherschnabel	Geraniáceae
Erýngium	**alpínum** ✂	1	Alpendistel	Apiáceae
Erýngium	**amethýstinum** ✂	1a	Edeldistel	
Erýngium	**plánum** ✂	1	Edeldistel	
Erýngium	x **zabélii** ✂		Edeldistel	
Eupatórium	**coelestínum**	1	Wasserdost	Asteráceae
Eupatórium	**purpúreum**	1	Wasserdost	
Euphórbia	**myrsinítes**	1a	Wolfsmilch	Euphorbiáceae
Euphórbia	**polychróma**	1	Wolfsmilch	
Festúca	**cinérea**	1,1a	Blauschwingel	Poáceae
Festúca	**mäïrei**	1a	Roter Schwingel	
Festúca	**gautiéri**	1	Bärenfellschwingel	
Filipéndula	**vulgáris**	1,1a	Mädesüß	Rosáceae
Filipéndula	**ulmária**	1	Mädesüß	
Gaillárdia	**-Hybriden** ✂		Kokardenblume	Asteráceae
Gálax	**urceoláta**	1	Bronzeblatt	Diapensiáceae
Galeóbdolon	**lúteum**		siehe **Lamiástrum**	
Gálium	**odorátum**	1,1a	Waldmeister	Rubiáceae
Gentiána	**angustifólia**	1	Enzian	Gentianáceae
Gentiána	**asclepiádea**		Schwalbenwurz-enzian	
Gentiána	**clúsii**	1	Enzian	
Gentiána	**acäulis**	1,1a	Enzian	
Gentiána	**pneumonánthe**		Lungenenzian	
Gentiána	**septémfida**	1	Enzian	
Gentiána	**síno-ornáta**	1	Enzian	
Gentiána	**triflóra**	1	Enzian	
Gboránium	**endréssii**	1	Storchschnabel	Geraniáceae
Geránium	x **cantabrigiénse**		Storchschnabel	
Geránium	**dalmáticum**		Storchschnabel	
Geránium	**macrorrhízum**	1	Storchschnabel	
Geránium	**magnificum**		Storchschnabel	
Geránium	**platypétalum**	1	Storchschnabel	
Geránium	**sanguíneum**	1	Storchschnabel	
Geránium	**wallichiánum**	1	Storchschnabel	
Géum	**-Hybriden**		Nelkenwurz	Rosáceae
Goniolímon	**tatáricum**	1,1a	Statice	Plumbagináceae
Gunnéra	**manicáta** ^	3	Gunnera	Haloragáceae
Gunnéra	**tinctória** ^	3	Gunnera	
Gypsóphila	**paniculáta** ✂	1	Schleierkraut	Caryophylláceae
Gypsóphila	**répens**	1,1a	Schleierkraut	

Helénium	**autumnále**	1	Sonnenbraut	Asteráceae
Helénium	**bigelóvii**	1	Sonnenbraut	
Helénium	**-Hybriden** ✂		Sonnenbraut	
Heliánthemum	**-Hybriden**		Sonnenröschen	Cistáceae
Heliánthus	**atrórubens**	1	Sonnenblume	Asteráceae
Heliánthus	**decapétalus**	1	Sonnenblume	
Heliánthus	x **laetiflórus**		Sonnenblume	
Heliánthus	**salicifólius**	1	Sonnenblume	
Helichrýsum	**petioláre** ^	4	Strohblume	Asteráceae
Helictótrichon	**sempérvirens**	1a	Blaustrahlhafer	Poáceae
Heliópsis	**helianthoídes** var. **scábra** ✂		Sonnenauge	Asteráceae
Hellébórus	**orientális**	1	Nieswurz	Ranunculáceae
Hellébórus	**-Hybriden** ✂		Garten-Nieswurz	
Hellébórus	**níger**	1	Christrose	
Helónias	**bulláta**	1	Helonias	Liliáceae
Hemerocállis	**aurantíaca**	1	Taglilie	Liliáceae
Hemerocállis	**citrína**	1	Taglilie	
Hemerocállis	**fúlva**	1	Taglilie	
Hemerocállis	**middendórffii**	1	Taglilie	
Hepática	**nóbilis**	1	Leberblümchen	Ranunculáceae
Heracléum	**pubéscens**	1	Herkuleskraut	Apiáceae
Heracléum	**stevénii**	1	Herkuleskraut	
Hésperis	**matronális**	1	Nachtviole	Brassicáceae
Héuchera	**-Hybriden** ✂		Heuchera	Saxifragáceae
x **Heucherélla**	**álba**		Heucherella	Saxifragáceae
Hibiscus	**moschéutos**	1	Sumpfeibisch	Malváceae
Hierácium	**aurantíacum**	1	Habichtskraut	Cichoriáceae
Hósta	**fortúnei**	1	Funkie	Liliáceae
Hósta	**lancifólia**	1	Funkie	
Hósta	**siebóldii**	1	Funkie	
Hósta	**unduláta**	1	Funkie	
Hósta	**ventricósa**	1	Funkie	
Houttuýnia	**cordáta**	1	Molchschwanz	Saururáceae
Ibéris	**saxátilis**	1a	Schleifenblume	Brassicáceae
Ibéris	**sempérvirens**	1a	Schleifenblume	
Imperáta	**cylíndrica** ^	1a,2	Flammengras	Poáceae
Incarvíllea	**delaváyi**	1	Incarvillee	Bignoniáceae
Incarvíllea	**máirei**	1	Incarvillee	
Inula	**eusifólia**	1,1a	Alant	Asteráceae
Inula	**helénium**	1a	Alant	
Inula	**magnífica**		Alant	
Inula	**orientális**	1	Alant	
Kniphófia	**uvária** ✂	4	Tritome	Liliáceae
Koeléria	**gláuca**	1	Koelerie	Poáceae

Lamiástrum	**galeóbdolon**	1	Goldnessel	Lamiáceae
Láthyrus	**latifólius**	1,1a	Staudenplatterbse	Fabáceae
Láthyrus	**vérnus**	1	Frühlingsplatterbse	
Leontopódium	**alpínum**	1	Edelweiß	Asteráceae
Lewísia	**cotylédon** ^	1	Lewisie	Portulacáceae
Léymus	**arenárius**	1	Strandhafer	Poáceae
Líatris	**spicáta**	1	Prachtscharte	Asteráceae
Ligulária	**dentáta**	1	Ligularie	Asteráceae
Ligulária	x **héssei**		Ligularie	
Ligulária	**przewálskii**	1	Ligularie	
Ligulária	**sibírica**	1	Ligularie	
Ligulária	**stenocéphala**	1	Ligularie	
Ligulária	**tussilagínea** ^	1	Ligularie	
Limónium	**gmelínii**	1	Widerstoß	Plumbagináceae
Limónium	**latifólium**	1	Widerstoß	
Limónium	**ramosíssimum**	1a	Widerstoß	
Linária	**cymbalária**	1a	Zymbelkraut	Scrophulariáceae
Línum	**flávum**	1	Lein	Lináceae
Línum	**perénne**	1,1a	Lein	
Lobélia	**cardinális**	1	Lobelie	Campanuláceae
Lobélia	x **gerárdii**		Lobelie	
Lobélia	**siphilítica**	1	Lobelie	
Lobélia	x **speciósa** ^ ✂		Lobelie	
Lobélia	**válida** ^	4	Lobelie	
Lupínus	**-Polypýllus -Hybriden**		Stauden-Lupine	Fabáceae
Lúzula	**sylvática**	1–3	Waldsimse	Juncáceae
Lýchnis	**chalcedónica**	1	Brennende Liebe	Caryophylláceae
Lýchnis	**coronária**	1	Vexiernelke	
Lýchnis	**flós-cucúli**	1	Kuckucksblume	
Lýchnis	**-Haageána -Hybriden**		Lichtnelke	
Lýchnis	**viscária**	1	Pechnelke	
Lysimáchia	**nummulária**	1	Pfennigkraut	Primuláceae
Lysimáchia	**clethroides** ^	1,2	Schneefelberich	
Lysimáchia	**congestiflóra** ^	1	Felberich	
Lysimáchia	**punctáta**	1,1a	Felberich	
Lýthrum	**salicária**	1,1a	Blut-Weiderich	Lythráceae
Lýthrum	**virgátum**	1,1a	Ruten-Weidrich	
Macleáya	**cordáta**	1	Macleaya, Federmohn	Papaveráceae
Málva	**moscháta**	1	Moschusmalve	Malváceae
Mattéuccia	**pennsylvánica**	1	Trichterfarn	Athyriáceae
Mattéuccia	**struthiópteris**	1	Straußfarn	

Mélica	**ciliáta**	1a	Wimperperlgras	Poáceae
Melíttis	**melisso-phýllum**	1,1a	Immenblatt	Lamiáceae
Merténsia	**echioídes** ^	1	Mertensie	Boragináceae
Merténsia	**virgínica** ^	1	Mertensie	
Mímulus	**-Hybriden**		Gauklerblume	Scrophularíáceae
Mirábilis	**jalápa**	3	Wunderblume	Nyctagináceae
Miscánthus	**sacchariflórus**	1	Miscanthus	Poáceae
Miscánthus	**sinénsis**	1	Miscanthus	
Moehríngia	**muscósa**	1	Moosmiere	Caryophylláceae
Molínia	**arundinácea**	1	Pfeifengras	Poáceae
Molínia	**caerúlea**	1,1a	Pfeifengras	
Monárda	**-Hybriden**		Monarde	Lamiáceae
Morína	**longifólia**	1	Steppendistel	Dipsacáceae
Muehlenbéckia	**axilláris** ^	2	Muehlenbeckie	Polygonáceae
Myosótis	**sylvática**	1,1a	ausdauerndes Vergißmeinnicht	Boragináceae
Népeta	x **faassénii**		Katzenminze	Lamiáceae
Népeta	**grandiflóra**	1	Katzenminze	Lamiáceae
Oenothéra	**fruticósa**	1	Nachtkerze	Onagráceae
Oenothéra	**missouriénsis**	1	Nachtkerze	
Oenothéra	**tetragóna**	1	Nachtkerze	
Omphalódes	**vérna**	1a	Gedenkemein	Boragináceae
Onóclea	**sensíbilis**	1–4	Perlfarn	Onocleáceae
Oríganum	**laevigátum** ^	1a	Dost	Lamiáceae
Ornithógalum	**arábicum** ^	2	Milchstern	Liliáceae
Osmúnda	**regális**	1–3	Königsfarn	Osmundáceae
Oxalis	**acetosélla**	1	Waldsauerklee	Oxalidáceae
Oxalis	**adenophýlla** ^	3	Sauerklee	
Paeónia	**-Lactiflóra Hybriden**		Chinesische Päonie	Paeoniáceae
Paeónia	**officinális**	1a	Päonie, Pfingstrose	
Pánicum	**virgátum** ⋈	1,2, 3	Rutenhirse	Poáceae
Papáver	**búrseri**	1	Mohn	Papaveráceae
Papáver	**nudicaúle**	1	Isländischer Mohn	
Papáver	**orientále**	1	Mohn	
Patrínia	**tríloba**	1	Goldbaldrian	Valerianáceae
Pennisétum	**alopecuroídes**	1,5	Federborstengras	Poáceae
Penstémon	**barbátus** ^	1,3	Penstemon	Scrophulariáceae
Phálaris	**arundinácea** ‚Picta'	1	Glanzgras	Poáceae
Phlómis	**russeliána**	1	Brandkraut	Lamiáceae
Phlómnis	**sámia**	1a	Brandkraut	Lamiáceae

Phlóx	**amoéna**	1	Phlox	Polemoniáceae
Phlóx	**carolína**	1	Flammenblume	
Phlóx	**douglásii**	1	Flammenblume	
Phlóx	**-Paniculáta -Hybriden** ✂		Flammenblume	
Phlóx	**subuláta**	1	Moos-Phlox	
Phuópsis	**stylósa**		Phuópsis	Rubiáceae
Phygélius	**-Hybriden**		„Kaffernlilien“	Scrophulariáceae
Phyllítis	**scolopéndrium**	1,2	Hirschzunge	Aspleniáceae
Phyllostáchys	**flexuósa** ∧	1	Bambus	Poáceae
Phýsalis	**alkekéngi**	1	Lampionblume	Solanáceae
Physostégia	**virginiána**	1	Gelenkblume	Lamiáceae
Phyteúma	**orbiculáre**	1,1a	Teufelskralle	Campanuláceae
Phyteúma	**spicátum**	1,1a	Teufelskralle	
Phytolácca	**americána**	1,3	Kermesbeere	Phytolaccáceae
Plantágo	**nivális**	1a	Wegerich	Plantagináceae
Platycódon	**grandiflórus**	1	Ballonblume	Campanuláceae
Podophýllum	**peltátum**	1	Fußblatt	Berberidáceae
Podophýllum	**hexándrum**	1	Fußblatt	
Polemónium	**caerúlum**	1	Jakobsleiter	Polemoniáceae
Polemónium	**réptans**	1	Jakobsleiter	
Polygonátum	**multifórum**	1	Salomonssiegel	Liliáceae
Polygonátum	**odorátum**	1,1a	Salomonssiegel	
Polýgonum	**affíne**	1,2	Knöterich	Polygonáceae
Polýgonum	**capitátum** ∧	2	Knöterich	
Polýgonum	**amplexicaúle**	1	Knöterich	
Polypódium	**vulgáre**	1,3, 4,6	Tüpfelfarn, Engelsüß	Polypodiáceae
Polýstichum	**acrostichoídes**	1	Dolchfarn, Weihnachtsfarn	Aspidiáceae
Polýstichum	**aculeátum**	1, 1a,2	Glanzschildfarn	Aspidiáceae
Polýstichum	**lonchítis**	1	Lanzenfarn	
Polýstichum	**setíferum**	1,1a,2	Schildfarn	
Potentílla	**álba**	1	Fingerkraut	Rosáceae
Potentílla	**atrosanguínea**	1,2	Fingerkraut	
Potentílla	**aúrea**	1	Fingerkraut	
Potentílla	**palústris**	1	Blutauge	
Prímula	**-Aurícula -Hybriden**		Alpen-Aurikel	Primuláceae
Prímula	**-Bullesiána -Hybriden**		Gartenprimel	
Prímula	**denticuláta**	1	Kugelprimel	
Prímula	**-Elátior -Hybriden** ✂		Gartenprimel	

Prímula	**farinósa**	1	Mehlprimel	Primuláceae
Prímula	**floríndae**	1	Sommerprimel	
Prímula	**japónica**	1	Etagenprimel	
Prímula	**júliae**	1	Teppichprimel	
Prímula	**Juliae-Hybriden**		Kissenprimel	
Prímula	x **pubéscens**		Primel (Naturhybr.)	
Prímula	**rósea**	1	Sumpfprimel	
Prímula	**véris**	1,1a	Schlüsselblume	
Prímula	**viálii**	1	Orchideenprimel	
Prímula	**vulgáris**	1	Kissenprimel	
Pterídium	**aquilínum**	1–6	Adlerfarn	Pteridiáceae
Pulmonária	**angustifólia**	1	Lungenkraut	Boragináceae
Pulmonária	**officinális**	1,1a	Lungenkraut	
Pulmonária	**saccharáta**	1,1a	Lungenkraut	
Pulsatílla	**vernális**	1,1a	Küchenschelle	Ranunculáceae
Pulsatílla	**vulgáris**	1	Küchenschelle	
Ramónda	**mycóni**	1	Ramonde	Gesneriáceae
Ranúnculus	**asiáticus** ✂	1	Hahnenfuß	Ranunculáceae
Reynóutria	**japónica**	1	Knöterich	Polygonáceae
Reynóutria	**sachalinénsis**	1	Knöterich	
Rodgérsia	**aesculifólia**	1	Rodgersie	Saxifragáceae
Rodgérsia	**pinnáta**	1		
Rodgérsia	**podophylla**	1		
Rudbéckia	**fúlgida** ✂	1	Rudbeckie	Asteráceae
Redbéckia	**laciniáta**	1	Rudbeckie	
Rudbéckia	**nítida**	1	Rudbeckie	
Sáccharum	**ravénnae**	1,2	Seidengras	Poáceae
Sagína	**subuláta**	1,1a	Sternmoos	Caryophylláceae
Sálvia	**glutinósa**	1	Salbei	Lamiáceae
Sálvia	**nemorósa**	1,1a	Salbei	
Sálvia	x **supérba**		Salbei	
Santolína	**chamaecypa-ríssus** ^	1,1a	Heiligenkraut	Asteráceae
Saponária	**caespitósa**	1	Seifenkraut	Caryophylláceae
Saponária	**ocymoídes**	1a	Seifenkraut	
Saponária	**officinális**	1	Seifenkraut	
Saxífraga	**aizoídes**	1	Steinbrech	Saxifragáceae
Saxífraga	**-Aréndsii Hybriden**		Moossteinbach	
Saxífraga	**caespitósa**	1	Steinbrech	
Saxífraga	**cortusifólia** ^	1	Steinbrech	
Saxífraga	**cotylédon**	1	Steinbrech	
Saxífraga	**hypnoídes**	1	Steinbrech	

Saxífraga	**longifólia**	1	Steinbrech	Saxifragáceae
Saxífraga	**paniculáta**	1	Steinbrech	
Saxífraga	**trifurcáta**	1	Steinbrech	
Saxífraga	**umbrósa**	1	Porzellanblümchen	
Scabiósa	**caucásia** ✂	1	Skabiose	Dipsacáceae
Scutellária	**baicalénsis**	1	Helmkraut	Lamiáceae
Sédum	**ácre**	1,1a	Mauerpfeffer	Crassuláceae
Sédum	**album**	1,1a	Fetthenne	
Sédum	**anacámpseros**	1	Fetthenne	
Sédum	**cautícola**	1	Fetthenne	
Sédum	**ewérsii**	1	Fetthenne	
Sédum	**floríferum**	1	Fetthenne	
Sédum	**hýbridum**		Fetthenne	
Sédum	**kamtscháticum**	1	Fetthenne	
Sédum	**lýdium**	1	Fetthenne	
Sédum	**refléxum**	1,1a	Tripmadam	
Sédum	**sexanguláre**	1,1a	Fetthenne	
Sédum	**siebóldii**	1	Fetthenne	
Sédum	**spathulifólium**	1	Fetthenne	
Sédum	**spectábile**	1	Fetthenne	
Sédum	**spúrium**	1	Fetthenne	
Sédum	**teléphium**	1	Fetthenne	
Sempervívum	**arachnoídeum**		Hauswurz	Crassuláceae
Sempervívum	**tectórum**	1	Echte Hauswurz	
Senécio	**abrotanifólius**	1	Kreuzkraut	Asteráceae
Sesléria	**caerúlea**	1	Blaugras	Poáceae
Setária	**macrostáchya** ^	1,3	Hirse	Poáceae
Setária	**púmila** ^	1,1a	Hirse	
Sidalcéa	**-Hybriden** ^		Präriemalve	Malváceae
Siléne	**alpéstris**	1	Sonnensame	Caryophylláceae
Siléne	**schafta**	1	Leimkraut	
Smilacína	**racemósa**	1	Schattenblume	Liliáceae
Soldanélla	**montána**	1	Alpenglöckchen, Troddelblume	Primuláceae
Solidágo	**canadénsis** ✂	1	Goldrute	Asteráceae
Solidágo	**rugósa**	1	Goldrute	
Solidágo	**shórtii**	1	Goldrute	
Solidágo	**virgáurea**	1,1a	Goldrute	
x **Solidáster**	**lúteus**		Bastardaster	Asteráceae
Sorghástrum	**nútans**	1	Sorghastrum	Poáceae
Spartína	**pectináta**	1,3	Spartina	Poáceae
Stáchys	**grandiflóra**	1	Ziest, Betonica	Lamiáceae
Stáchys	**byzantína**	1	Ziest, „Eselsohren"	
Stípa	**barbáta**	1a	Pfriemengras	Poáceae
Stípa	**capilláta**	1,1a	Federgras	Poáceae

Stípa	**tenacíssima** ^	1,1a	Espartogras	Poáceae
Stokésia	**laévis**	1	Korbblumenaster	Asteráceae
Thalíctrum	**aquilegifólium**	1	Amstelraute	Ranunculáceae
Thalíctrum	**dipterocárpum**	1	Wiesenraute	Ranunculáceae
Thýmus	x **citriodórus**		Bastard-Thymian	Lamiáceae
Thýmus	**doérfleri**	1a	Thymian	
Thýmus	**serpýllum**	1	Thyminan, Quendel	
Tiarélla	**cordifólia**	1	Schaumblüte	Saxifragáceae
Tradescántia	**-Andersoniána -Hybriden**		Gartentradeskantie	Commelináceae
Tradescántia	**virginiána**	1	Tradeskantie	
Tricýrtis	**hirta** ^	1	Krötenlilie	Liliáceae
Trifólium	**répens** 'Purpúreum'	1,1a	Weißklee	Fabáceae
Tríllium	**grandiflórum**	1	Dreiblatt, Waldlilie	Liliáceae
Tróllius	**-Hybriden** ✂		Trollblume	Ranunculáceae
Tróllius	**europaéus**	1	Trollblume	
Uvulária	**grandiflóra**	1	Uvularie	Liliáceae
Verbáscum	**chaíxii**	1	Königskerze	Scrophulariáceae
Verónica	**incána**	1	Ehrenpreis	Scrophulariáceae
Verónica	**longifólia**	1	Ehrenpreis	
Verónica	**prostráta**	1,1a	Ehrenpreis	
Verónica	**spicáta**	1	Ehrenpreis	
Verónica	**austríaca**	1	Ehrenpreis	
Víola	**cornúta**	1	Hornveilchen	Violáceae
Víola	**odoráta**	1,1a	Duftveilchen	
Víola	**sorória**	1	Veilchen	
Waldsteínia	**geoídes**	1	Waldsteinie	Rosáceae
Waldsteínia	**ternáta**	1	Waldsteinie	
Wulfénia	**carinthíaca**	1	Wulfenie	Scrophulariáceae
Xerophýllum	**asphodeloídes** ^	1	Bärengras	Liliáceae
Yúcca	**filamentósa**	1	Palmlilie	Agaváceae
Yúcca	**fláccida**	1	Palmlilie	

Nachtrag zur „Sammelgattung" Chrysánthemum
Neuafteilung hier u. a. wie folgt möglich:
Leucánthemum vulgáre für Chrysánthemum leucánthemum
Leucánthemum maximum für Chrysánthemum máximum
Tanacétum coccíneum für Chrysánthemum coccíneum
Dendránthema-Grandiflórum-Hybriden für Chrysánthemum índicum der Gärtner
Euryops tenuíssimus für Chrysánthemum frutéscens (zum Teil)
Argyránthemum frutéscens für Chrysánthemum frutéscens (z. größten Teil)
Coleóstephus multicaúlis für Chrysánthemum multicaúle

Hymenostémma paludósum für Chrysánthemum paludósum
Der Gattung **Chrysánthemum** gehören dann nur noch an: **Chrysánthemum carinátum, Chrysánthemum coronárium, Chrysánthemum ségetum** und **Chrysánthemum** x **spectábile**
Abschlußbemerkung: Definition der Stauden und daraus manchmal resultierende Zuordnungsschwierigkeiten.
Stauden sind an sich ± vieljährige, im Prinzip unverholzte, immergrüne oder meist zum Herbst einziehende Pflanzen, die bei uns gar nicht oder kaum des Winterschutzes bedürfen. Deshalb kann man **Yúcca filamentósa** z. B., wie im Buch geschehen, getrost zu den Stauden rechnen. Selbst große wissenschaftliche Werke umgehen das zuweilen, indem sie in diesem Fall eine Zuordnung vermissen lassen. Problematisch ist es bei **Pachysándra terminális.** Sie zeigt kaum Verholzungen und wird dennoch im Regelfall zu den Sträuchern gezählt. Dieser Meinung folgen wir in unserem Buch, wenn auch nicht vorbehaltlos.

Zwiebel- und Knollengewächse

(Pflanzen, die größtenteils zu den Stauden gerechnet werden. ♁ Bedeutung der Zahlen hinter den Artnamen siehe S. 159)
Zeichenerklärung: ✂ als Schnittblumen verwendbar

Acidanthéra	**bícolor**	2	Acidanthere	Iridáceae
Allium	**christóphii**	1	Lauch	Liliáceae
Allium	**gigantéum** ✂	1	Lauch	
Allium	**karataviénse**	1	Lauch	
Allium	**móly**		Lauch	
Allium	**narcissiflórum**	1	Lauch	
Allium	**neapolitánum**	1a	Lauch	
Allium	**oreóphilum**	1	Lauch	
Alstroeméria	**áurea** ✂	3	Inkalilie	Amaryllidáceae
Alstroeméria	**-Ligtu-Hybriden** ✂		Inkalilie	
Alstroeméria	**pelegrína** ✂	3	Inkalilie	
Alstroeméria	**haemántha** ✂	3	Inkalilie	
Alstroeméria	**versícolor** ✂	3	Inkalilie	
Amarýllis	**bélla-dónna**	4	Amaryllis, Belladonnalilie	Amaryllidáceae
Anemóne	**apennína**	1a	Anemone	Ranunculáceae
Anemóne	**-Japonica** ✂ **-Hybriden**		Herbstanemone	
Arum	**itálicum**	1,1a	Aronstab	Aráceae
Arum	**orientále**	1	Aronstab	
Begónia	**Knollenbegonien-Hybrid.**		Knollenbegonie	Begoniáceae
Brodiáea	**élegans**	1	Brodiäe	Liliáceae
Bulbocódium	**vérnum**	1	Frühlingslichtblume	Liliáceae
Calochórtus	**venústus**	1	Mormonentulpe	Liliáceae
Cánna	**-Indica -Hybriden**		Blumenrohr	Cannáceae
Chionodóxa	**lucíliae**	1	Schneestolz	Liliáceae
Chionodóxa	**sardénsis**	1	Schneestolz	
Cólchicum	**autumnále**	1,1a	Herbstzeitlose	Liliáceae
Cólchicum	**byzantínum**	1	Zeitlose	
Cólchicum	**neapolitánum**	1a	Zeitlose	
Cólchicum	**speciósum**	1	Zeitlose	
Crocósmia	x **crocosmiiflóra** ✂		„Montbretie"	Iridáceae
Crócus	**vérnus**	1	Krokus	Iridáceae
Crócus	**chrysánthus**	1,1a	Krokus	
Crócus	**pulchéllus**	1a	Krokus	
Crócus	**satívus**		Safran	

Crócus	**speciósus**	1	Krokus	Iridáceae
Cýclamen	**cóum**	1	Alpenveilchen	Primuláceae
Cýclamen	**hederifólium**	1a	Alpenveilchen	
Cýclamen	**purpuráscens**	1	Alpenveilchen	
Dáhlia	**-Hybriden** ✂		Dahlie	Asteráceae
Eránthis	**hyemális**	1a	Winterling	Ranunculáceae
Erythrónium	**déns-cánis**	1,1a	Hundszahn	Liliáceae
Erythrónium	**grandiflórum**	1	Hundszahn	
Fréesia	**-Hybriden** ✂		Freesie	Iridáceae
Fritillária	**imperiális**	1	Kaiserkrone	Liliáceae
Fritillária	**meléagris**	1,1a	Schachbrettblume	
Fritillária	**pérsica**	1	Kaiserkrone	
Galánthus	**elwésii**	1a	Schneeglöckchen	Amaryllidáceae
Galánthus	**nivális**	1	Schneeglöckchen	
Galtónia	**cándicans**	4	Riesenhyazinthe	Liliáceae
Gladíolus	**natalénsis**	4	Gladiole eingekreuzt mit	Iridáceae
Gladíolus	x **gandavénsis**		hat die Edelgladiolen („Primulinus"-Sorten) ergeben	
Gladíolus	**-Hybriden** ✂		hierher insgesamt alle Gladiolen-Edelsorten	
Gloriósa	**supérba** ✂	2	Gloriose	Liliáceae
Hyacínthus	**orientális**	1a	Hyazinthe	Liliáceae
Hyacinthoídes	**hispánica**	1	Span. Scilla	Liliáceae
Iris	**danfórdiae**		Schwertlilie, Iris	Iridáceae
Iris	**germánica** ✂	1a	Schwertlilie	
Iris	**-Hispánica -Hybriden** ✂		Iris	
Iris	**-Holländica Hybriden** ✂		Iris	
Iris	**latifólia**	1	Engl. Schwertlilie	
Iris	**púmila**	1,1a	Zwerg-Schwertlilie	
Iris	**reticuláta**	1	Schwertlilie	
Iris	**susiána** ^		Schwertlilie „Dame in Trauer"	
Iris	**xíphium** ✂	1a	Span. Schwertlilie	
Ixia	**-Hybriden**		Klebschwertel	Iridáceae
Ixiolírion	**tatáricum**	1	Ixiolirion	Amaryllidáceae
Leucójum	**aestívum**	1	Knotenblume	Amaryllidáceae
Leucójum	**vérnum**	1,1a	Märzbecher	
Lílium	**aurátum**	1	Goldbandlilie	Liliáceae

Lílium	**-Aurelianénse -Hybriden** ✂		Lilie	Liliáceae
Lílium	**bulbíferum**	1,1a	Feuerlilie	
Lílium	**cándidum** ✂	1a	Madonnenlilie	
Lílium	**-Hansónii -Hybriden** ✂		Lilie	
Lílium	**-Davídii -Hybriden**		Riesenlilie	
Lílium	**-Imperiále -Hybriden** ✂		Lilie	
Lílium	**longiflórum** ✂		Langblütige Lilie	
Lílium	**mártagon**	1	Türkenbundlilie	
Lílium	**-Maculátum -Hybriden** ✂		Lilie	
Lílium	**-Pardalínum -Hybriden** ✂		Lilie	
Lílium	**regále** ✂	1	Königslilie	
Lílium	**-Speciósum -Hybriden** ✂		Prachtlilie	
Lílium	**-Tigrínum -Hybriden** ✂		Tigerlilie	
Muscári	**armeníacum**	1,1a	Traubenhyazinthe	Liliáceae
Muscári	**botryoídes**	1	Straußhyazinthe	
Muscári	**comósum**	1,1a	Traubenhyazinthe	
Narcíssus	**bulbocódium**		Reifrocknarzisse	Amaryllidáceae
Narcíssus	x **incomparábilis** ✂		Narzisse	
Narcíssus	**jonquílla**	1a	Jonquille	
Narcíssus	**poéticus** ✂	1	Dichternarzisse	
Narcíssus	**pseudonarcíssus** ✂	1,1a	Osterglocke, Trompetennarzisse	
Narcíssus	**tazétta**	1a	Tazette	
Neríne	**bowdénii**	4	Nerine	Amaryllidáceae
Neríne	**sarniénsis**	4	Guernseylilie	
Neríne	**unduláta**	4	Nerine	
Ornithógalum	**thyrsoídes** ✂	4	Milchstern, „Chincherinchee"	Liliáceae
Ornithógalum	**umbellátum**	4	Stern von Bethlehem	
Puschkínia	**scilloídes**	1a	Puschkinie	Liliáceae
Ranúnculus	**asiáticus** ✂	1a	Ranunkel	Ranunculáceae
Sinníngia	**cardinális**	3	Rechsteinerie	Gesneriáceae
Sinníngia	**canéscens**	3	Rechsteinerie	

Scílla	**bifólia**		Scilla, zweiblättriger Blaustern	Liliáceae
Scílla	**hispánica**		siehe bei **Hyacinthoídes**	
Scílla	**sibírica**	1	Scilla, Blaustern	
Sparáxis	**trícolor** ✂	4	Fransenschwertel	Iridáceae
Túlipa	**-Fosteriána -Hybriden**		Tulpe	Liliáceae
Túlipa			Garten-Tulpen	
Túlipa	**-Kaufmanniána -Hybriden**		Tulpe	
Túlipa	**sylvéstris**	1	Tulpe	
Túlipa	**tárda**	1	Tulpe	
Túlipa	**-Gréigii-Hybriden**		Tulpe	

Garten-Tulpen

Hierher gehört ein sehr großes Sortiment mit folgender Gruppenaufteilung:

Einfache frühe Tulpen
Gefüllte frühe Tulpen
Mendel-Tulpen
Triumph-Tulpen
Darwin-Tulpen
Dawin-Hybrid-Tulpen
Einfach blühende Tulpen
Rembrandt-Tulpen
Papagei-Tulpen
Gefüllte späte Tulpen

Hinweis:
Ein nicht unbeachtlicher Teil der hier angeführten Zwiebel- und Knollengewächse ist in diesem Buch auch bei den Freilandstauden oder Topfpflanzen zu finden. Das ergibt sich aus dem ausdauernden Charakter sowie den entsprechenden Verwendungsmöglichkeiten dieser Arten.

Topfpflanzen

(und Pflanzen, die im Warmhaus bis Kalthaus auch ausgepflanzt kultiviert werden können. 🪴
Bedeutung der Zahlen hinter den Artnamen siehe S. 159)
Erklärung der Zeichen: ⸾ Kletter- bzw. Schlingpflanzen, ⸾ Hängepflanzen

Abutílon	**-Hybriden**		Abutilon	Malváceae
Abutílon	**megapotámicum**	3	Rio-Grande-Abutilon	
Abutílon	**selloviánum**	3	Abutilon	
Abutílon	**píctum** 'Thompsónii'	3	Abutilon	
Acácia	**armáta**	5	Akazie	Mimosáceae
Acácia	**baileyána**	5	Akazie	
Acácia	**cyanophýlla**	5	Akazie	
Acácia	**decúrrens**	5	Akazie („Mimose")	
Acácia	**dealbáta**	5	Akazie	
Acácia	**longifólia**	5	Akazie	
Acácia	**podalyriifólia**	5	Akazie	
Acácia	**retinódes**	5	Akazie	
Acalýpha	**híspida**	2	Acalyphe	Euphorbiáceae
Acalýpha	**hispaniólae** ⸾		Hängende Acalyphe	
Acalýpha	**wilkesiána**	2	Acalyphe	
Acánthus	**montánus**	2	Akanthus	Acantháceae
Acca	**sellowiána**	3	Brasil. Myrte	Myrtáceae
Acer	**japónicum**	1	Ahorn	Aceráceae
Acer	**palmátum**	1	Japanahorn	
Achímenes	**-Hybriden**		Schiefteller	Gesneriáceae
Adénium	**obésum**	2	Adenium	Apocynáceae
Adiántum	**capíllus-véneris**	1,1a	Frauenhaarfarn	Adiantáceae
Adiántum	**raddiánum**	2,3	Frauenhaarfarn	

mit den wichtigen Marktsorten:
'Brillantelse', Auslese aus 'Goldelse', lebhafter gefärbt
'Elegans', hellgrün, feinzerteilt, raschwüchsig
'Fragrantissimum', schwarze Stiele, kräftig
'Goldelse', feingegliedert, im Austrieb rötlich
'Matador' und 'Matador Lyon' für Schnitt

Adiántum	**hispídulum**	2	Frauenhaarfarn
Adiántum	**ténerum**	3	Frauenhaarfarn

mit den wichtigsten Marktsorten:
'Farleyénse' dichte übereinandergreifende Fiedern
'Jan Bier', besser als die ähnliche 'Ruhm von Moordrecht'

'Lemkésii', Austrieb rot, dann hellgrün
'Ruhm von Moordrecht', prächtige Schaupflanze
'Scútum Róseum', rötlich, langstielig, kräftig

Aechméa	**fasciáta**	3	Aechmea	Bromeliáceae
Aechméa	**fúglens** var. **díscolor**	3	Aechmea	
Aechméa	**weilbáchii** var. **leodiénsis**	3	Aechmea	Bromeliáceae
Aeónium	**arbóreum**	1a	Aeonium	Crassuláceae
Aeónium	x **domésticum**		Aeonium	
Aeschynánthus	**radícans** ⚕	2	Aeschynanthus	Gesneriáceae
Aeschynánthus	**marmorátus** ⚕	2	Aeschynanthus	
Aeschynánthus	**parasíticus** ⚕	2	Aeschynanthus	
Aeschynánthus	**micránthus** ⚕	2	Aeschynanthus	
Aeschynánthus	**speciósus** ⚕	2	Aeschynanthus	
Agapánthus	**africánus**	4	Agapanthus	Liliáceae
Agapánthus	**praécox**	4	Agapanthus	
Agáve	**americána**	3	Agave	Agaváceae
Agáve	**attenuáta**	3	Agave	
Agáve	**victóriae-regínae**	3	Agave	
Agáve	**filífera**	3	Fadentrag. Agave	
Aglaonéma	**commutátum**	2	Aglaoneme	Aráceae
Aglaonéma	**costátum**	2	Aglaoneme	
Aglaonéma	**críspum**	2	Aglaoneme	
Allamánda	**cathártica** ⚕	3	Allamande	Apocynáceae
Alocásia	**korthálsii**	2	Alokasie	Aráceae
Alocásia	**cúprea**	2	Alokasie	
Aloë	**arboréscens**	4	Aloë	Liliáceae
Aloë	**aristáta**	4	Aloë	
Aloë	**férox**	4	Aloë	
Aloë	x **príncipis**		Aloë	
Aloë	**variegáta**	4	Aloë	
Alpínia	**zingiberína**	2	Falscher Zimt	Zingiberáceae
Alternanthéra	**ficoídea**	3	Papageienblatt	Amarantháceae
Alsóphila	**austrális**	5	Baumfarn	Cyatheáceae
Aloýsia	**triphýlla**	3	„Zitronenstrauch"	Verbenáceae
Amarýllis	**bélla-dónna**	4	Belladonnalilie	Amaryllidáceae
Amor-phophállus	**titánum**	2	Amorphophallus	Aráceae
Ampelópsis	**brevipedun-culáta** ⚕	1	Scheinrebe	Vitáceae
Ampelópsis	**japónica**	1	Scheinrebe	
Ampelópsis	**orientális**	1	Scheinrebe	
Ananas	**comósus**	3	Ananas	Bromeliáceae

Anisodóntea	**capénsis**	4	Kapmalve	Malváceae
Anthúrium	**-Andreánum-Hybriden**		Flamingoblume	Aráceae
Anthúrium	**crystállinum**	3	Flamingoblume	
Anthúrium	**magníficum**	3	Flamingoblume	
Anthúrium	**-Scherzeriánum-Hybriden**		Flamingoblume	
Anthúrium	**véitchii**	3	Anthurium	
Antígonon	**léptopus** ⌇	3	Antigonon	Polygonáceae
Aphelándra	**aurantíaca**	3	Aphelandre	Acantháceae
Aphelándra	**squarrósa**	3	Aphelandre	
Aporocáctus	**flagellifórmis**	3	Schlangenkaktus	Cactáceae
Apténia	**cordifólia**	4	Aptenie	Aizoáceae
Araucária	**araucána**	3	Chilenische Araukarie	Araucariáceae
Araucária	**heterophýlla**	3	„Zimmertanne“	
Ardísia	**crenáta**	1,2	Ardisie	Myrsináceae
Aréca	**cát(h)echu**	2	Betelnußpalme	Arecáceae
Arecástrum	**romanzoffiánum**	3	Palme	Arecáceae
Ariocárpus	**retúsus**	3	Wollfruchtkaktus	Cactáceae
Arundinária	**dísticha**	1	Arundinarie, Bambus	Poáceae
Arundinária	**variegáta**	1	Bambus	
Aristolóchia	**grandiflóra**	2,3	Pfeifenblume	Aristolochiáceae
Asclépias	**fruticósa**	2,5	Gomphocarpus	Asclepiadáceae
Aslépias	**curassávica**	3	Papageienpflanze	
Aspáragus	**asparagoídes** ⌇	4	Spargel	Liliáceae
Aspáragus	**falcátus** ⌇	2,4	Spargel	
Aspáragus	**madagascariénsis**	2	Spargel	
Aspáragus	**densiflórus** 'Spréngeri'	4	Spargel	
Aspáragus	**densiflórus** 'Meyeri'			
Aspáragus	**retrofráctus** var. **myriocládus**			
Aspáragus	**setáceus**	4	Plumósus-Spargel	
Aspáragus	**umbellátus**	1a	Kanaren-Spargel	
Aspáragus	**virgátus**	4	„Tiki“-Spargel	
Aspidístra	**elátior**	1	Schusterpalme	Liliáceae
Asplénium	**bulbíferum**	2,5	Streifenfarn	Aspleniáceae
Asplénium	**daucifólium**	2	Streifenfarn	
Asplénium	**dimórphum**	2	Streifenfarn	

Asplénium	**nídus**	2,5	Nestfarn	Aspleniáceae
Astróphytum	**astérias**	3	Seeigelkaktus	Cactáceae
Astróphytum	**myriostígma**	3	Bischofsmütze	
Aucúba	**japónica**	1	Aukube	Cornáceae
Bambúsa	**ventricósá**	1,2	Bambus	Poáceae
Bánksia	**coccínea** ✂	5	Banksie	Proteáceae
Bánksia	**grándis** ✂	5	Banksie	
Bánksia	**hookeriána** ✂	5	Banksie	
Beaucárnea	**recurváta**	3	Beaucarnee	Agaváceae
Begónia	**-Corállina -Hybriden**		Begonie, Schiefblatt	Begoniáceae
Begónia	x **crédneri**		Begonie, Schiefblatt	
Begónia	**-Elátior -Hybriden**		Begonie, Schiefblatt	
Begónia	**grácilis**	3	Begonie, Schiefblatt	
Begónia	**limmingheána** ⦚	3	Begonie, Schiefblatt	
Begónia	**-Lorraine-begonien-Hybriden**		Lorrainebegonie	
Begónia	**masoniána** 'Iron Cross'		Begonie, Schiefblatt	
Begónia	**metállica**	3	Begonie, Schiefblatt	
Begónia	**rájah**	2	Begonie, Schiefblatt	
Begónia	**-Rex-Hybriden**		Blattbegonie	Begoniáceae
Begónia	**schárffii**	3	Begonie, Schiefblatt	
Begónia	**serratipétala**	2	Begonie, Schiefblatt	
Belopérone	**guttáta**		siehe **Justícia brandegeána**	
Bertolónia	**maculáta**	3	Bertolonie	Melastomatáceae
Bídens	**ferulifólia**	3	Zweizahn	Asteráceae
Bióphytum	**sensitivum**	2	Lebpflanze	Oxalidáceae
Billbérgia	**nútans**	3	Billbergie	Bromeliáceae
Billbérgia	**pyramidális**	3	Billbergie	
Billbérgia	**rósea**	3	Billbergie	
Billbérgia	**saundérsii**	3	Billbergie	
Billbérgia	**vittáta**	3	Billbergie	
Billbérgia	**zebrína**	3	Billbergie	
Bléchnum	**brasiliénse**	3	Rippenfarn	Blechnáceae
Bléchnum	**gíbbum**	2	Rippenfarn	
Borónia	**elátior**	5	Korallenraute	Rutáceae
Bougainvíllea	**glábra**	3	Bougainvillea	Nyctagináceae
Bougainvíllea	**spectábilis**	3	Bougainvillea	
Bouvárdia	**-Hybriden**		Bouvardie	Rubiáceae
Brachýchiton	**popúlneus**	5	Brachychiton	Sterculiáceae
Brachy(s)come	**multífida**	3	Brachycome	Asteráceae

Bowíea	**volúbilis** ≀	4	Bowiea	Liliáceae
Browállia	**speciósa**	3	Browallie	Solanáceae
Brunfélsia	**pauciflóra** var. **calýcina**	3	Brunfelsie	Solanáceae
Brúnia	**albiflóra**	4	Brunie	Bruniáceae
Brúnia	**nodiflóra**	4	Brunie	
Buddléja	**índica**	2	„Zimmereiche“	Buddlejáceae
Caládium	**-Bicolor -Hybriden**		Kaladie	Aráceae
Caládium	**-Schombúrgkii -Hybriden**		Kaladie	
Calánthe	**rósea**	2	Calanthe	Orchidáceae
Caláthea	**crocáta**	3	Calathea	Marantáceae
Caláthea	**lancifólia**	3	Calathea	
Caláthea	**makoyána**	3	Calathea	
Caláthea	**róseo-pícta**	3	Calathea	
Caláthea	**rufibárba**	3	Calathea	
Caláthea	**warscewíczii**	3	Galathea	
Caláthea	**zebrína**	3	Calathea	
Calceolária	**-Hybriden**		Pantoffelblume	Scrophulariáceae
Calceolária	**integrifólia**	3	Pantoffelblume	
Callísia	**élegans** ≀	3	Callisie	Commelináceae
Callísia	**répens** ≀	3	Callisie	
Callistémon	**cítrinus**	5	Zylinderputzer	Myrtáceae
Caméllia	**japónica**	1	Kamelie	Theáceae
Caméllia	**sinénsis**	1,2	Teestrauch	
Campánula	**isophýlla**	1a	Glockenblume	Campanuláceae
Caníštrum	**lindénii**	3	Kanistrum	Bromeliáceae
Cápsicum	**ánnuum**	3	Paprika, Span. Pfeffer	Solanáceae
Cárex	**brúnnea**	2,5	Segge	Cyperáceae
Cárica	**papáya**	3	Melonenbaum	Caricáceae
Caríssa	**macrocárpa**	4	Wachsbaum	Apocynáceae
Carludovíca	**palmáta**	3	Carludowike	Cyclantháceae
Carnegíea	**gigantéa**	3	Carnegiea	Cactáceae
Caryóta	**mítis**	2	Fischschwanzpalme	Arecáceae
Caryóta	**úrens**	2	Brennpalme	
Cássia	**corymbósa**	3	Cassie	Caesalpiniáceae
Cássia	**didymobótrya**	2	Cassie	
Casuarína	**equisetifólia**	5	Känguruhbaum	Casurarináceae
Catharánthus	**róseus**	2	Catharanthus	Apocynáceae
Cattléya	**bowringiána**	3	Cattleya	Orchidáceae
Cattléya	**bícolor**	3	Cattleya	
Cattléya	**labiáta**	3	Cattleya	
Cattléya	**warscewíczii**	3	Cattleya	

Centradénia	'Cascade'		Centradenie	Melastomatáceae
Cephalocéreus	**senílis**	3	Greisenhaupt	Cactáceae
Ceratozámia	**mexicána**	3	Ceratozamie	Cycadáceae
Céreus	**chalybáeus**	3	Säulenkaktus	Cactáceae
Céreus	**peruviánus**	3	Felsenkaktus	
Ceropégia	**lineáris** ≀	4	Leuchterblume	Asclepiadáceae
Ceropégia	**wóodii** ≀	4	Leuchterblume	
Céstrum	**élegans**	3	Hammerstrauch	Solanáceae
Chamaecéreus	**silvéstrii**	3	Zwergcereus	Cactáceae
Chamaedórea	**cóncolor**	3	Bergpalme	Arecáceae
Chamaedórea	**élegans**	3	Bergpalme	
Chamaedórea	**metállica**	3	Bergpalme	
Chameláucium	**uncinátum**	5	Austral. Myrte	Myrtáceae
Chamáerops	**húmilis**	1a	Zwergpalme	Arecáceae
Chloróphytum	**capénse** ≀	4	Chlorophytum	Liliáceae
Chloróphytum	**comósum** ≀	4	Clorophytum	
Chrysalidocár-pus	**lutéscens**	2	Goldfruchtpalme	Arecáceae
Chrysánthe-mum s. S. 40	**-Indicum -Hybriden**		Chrysantheme	Asteráceae
Cibótium	**schiédei**	3	Cibotium	Dicksoniáceae
Císsus	**antárctia** ≀	5	Känguruhklimme	Vitáceae
Císsus	**díscolor** ≀	5	Klimme	
Císsus	**gongylódes** ≀	3	Klimme	
Císsus	**rhombifólia** ≀	2,3	Klimme	
Císsus	**striáta**	3	Klimme	
x **Citrofortunélla**	**microcárpa**		Zierorange	Rutáceae
Cleistocáctus	**stráusii**	3	Silberkerze	Cactáceae
Clerodéndrum	**thomsóniae**	2	Cleodendrum	Verbenáceae
Clerodéndrum	**ugandénse**	2	Cleodendrum	
Cléyera	**japónica**	1	Cleyera	Theáceae
Cliánthus	**formósus**	5	Ruhmesblume	Fabáceae
Clivia	**miniáta**	4	Clivie	Amaryllidáceae
Coccóloba	**pubèscens**	3	Coccoloba	Polygonáceae
Codiáeum	**variegátum**	2	„Croton"	Euphorbiáceae
Coelógyne	**asperáta**	2	Coelogyne	Orchidáceae
Coelógyne	**cristáta**	2	Coelogyne	
Cóffea	**arábica**	2	Kaffeestrauch	Rubiáceae
Cóleus	**-Blumei-Hybr.**		Coleus	Lamiáceae
Cóleus	**púmilus** ≀	2	Coleus	Lamiáceae
Colocásia	**affínis**	2	Colocasie	Aráceae
Colúmnea	x **bánksii** ≀		Columnee	Gesneriáceae
Colúmnea	**gloriósa** ≀	3	Columnee	
Colúmnea	**hírta** ≀	3	Columnee	
Colúmnea	**microphýlla** ≀	3	Columnee	

Colúmnea	x **vedrariénsis** ⌇	3		Gesneriáceae
Convólvulus	**sabátius**	1a	Winde	Convolvuláceae
Coprósma	x **kírkii**		Coprosma	Rubiáceae
Coprósma	**baúeri**	2	Coprosma	
Cordýline	**austrális**	2	Cordyline	Agaváceae
Cordýline	**indivísa**	2	Cordyline	
Cordýline	**rúbra**		Cordyline	
Cordýline	**fruticósa**	2,5	Cordyline	
Corókia	**cotoneáster**	2	Zickzackstrauch	Saxifragáceae
Corynocárpus	**laevigátus**	2	Karakabaum	Corynocarpáceae
Corýpha	**umbraculífera**	2	Talipotpalme	Arecáceae
Cotylédon	**unduláta**	4	Cotyledon	Crassuláceae
Crássula	**perfoliáta**	4	Dickblatt	Crassuláceae
Crássula	**muscósa**	4	Dickblatt	
Crássula	**orbiculáris**	4	Dickblatt	
Crássula	**rupéstris**	4	Dickblatt	
Crossándra	**infundibuli-fórmis**	2	Crossandre	Acantháceae
Cryptánthus	**acaúlis**	3	Cryptanthe	Bromeliáceae
Cryptánthus	**beúckeri**	3	Cryptanthe	
Cryptánthus	**bivittátus**	3	Cryptanthe	
Cryptánthus	**bromelioídes**	3	Cryptanthe	
Cryptánthus	**fosteriánus**	3	Cryptanthe	
Cryptánthus	**lacérdae**	3	Cryptanthe	
Cryptánthus	**sinuósus**	3	Cryptanthe	
Cryptánthus	**zonátus**	3	Cryptanthe	
Ctenánthe	**oppenheimiána**	3	Ctenanthe	Marantáceae
Cúphea	**hyssopifólia**	3	Köcherblümchen	Lythráceae
Cúphea	**ígnea**	3	Zigaretten-blümchen	
Cúrcuma	**roscoeána**	2	Safranwurz	Zingiberáceae
Cussónia	**paniculáta**	4	Cussonie	Araliáceae
Cyanótis	**kewénsis**	2	Cyanotis	Commelináceae
Cyanótis	**somaliénsis**	2	Cyanotis	
Cyáthea	**austrális**		siehe bei **Alsóphila**	
Cýcas	**circinális**	2	Cyas, Palmfarn	Cycadáceae
Cýcas	**revolúta**	2	Cyas, Palmfarn	
Cýcas	**rúmphii**	2	Palmfarn	
Cýclamen	**pérsicum** ✂	1a	„Alpenveilchen"	Primuláceae
Cymbídium	**gigantéum**	2	Cymbidium	Orchidáceae
Cymbídium	**insígne**	2	Cymbidium	
Cymbídium	**longifólum**	3	Cymbidium	
Cymbídium	**lowiánum**	2	Cymbidium	
Cymbídium	**mastérsii**	2	Cymbidium	
Cymbídium	**-Hybriden** ✂		Cymbidium	

Cyrtánthus	**oblíquus**	4	Cyrtanthus	Amaryllidáceae
Cyrtánthus	**purpúreus**	4	Vallota	
Cyrtómium	**falćatum**	2	Cyrtomium	Aspidiáceae
Cýtisus	**canariénsis**	1a,2	Geißklee	Fabáceae
Cýtisus	x **racemósus**		Geißklee	Fabáceae
Darlingtónia	**califórnica**	1	Darlingtonie	Sarraceniáceae
Dasylírion	**acrótrichum**	3	Rauhschopf	Agaváceae
Dasylírion	**longíssimum**	3	Rauhschopf	
Datúra	x **cándida**		Stechapfel	Solanáceae
Datúra	**sanguínea**	3	Stechapfel	
Datúra	**suavéolens**	3	Engelstrompete	
Delospérma	**pruinósum**	4	Delosperma	Aizoáceae
Dendróbium	**nóbile**	1	Dendrobium	Orchidáceae
Dendróbium	**phalaenópsis** ⤫	2,5	Dendrobium	
Dendróbium	**pulchéllum**	2	Dendrobium	
Diáscia	**rígens**	4	Diascie	Scrophulariaceae
Diáscia	**vígilis**	4	Diascie	
Dichorisándra	**regínae**	3	Dichorisandre	Commelináceae
Dichorisándra	**thyrisflóra**	3	Dichorisandre	
Dicksónia	**antárctica**	5	Dicksonie	Dicksoniáceae
Didimochlǽna	**truncátula**	2	Farn	Aspidiáceae
Dieffenbáchia	x **báusei**		Dieffenbachie	Aráceae
Dieffenbáchia	**macrophýlla**	3	Dieffenbachie	
Dieffenbáchia	**maculáta**	3	Dieffenbachie	
Dionǽa	**muscípula**	1	Venusfliegenfalle	Droseráceae
Dioscórea	**bulbífera**	2	Yamswurzel	Dioscoreáceae
Dioscórea	**vittáta**	3	Yamswurzel	
Dipladénia	**-Hybriden**		Diplandenie	Apocynáceae
Dipteracánthus	**devosiánus**	3	Ruellie	Acantháceae
Dischídia	**pectenoídes** ⌇	2	Urnenpflanze	Asclepiadáceae
Dizygothéca	**elegantíssima**		siehe bei **Schéfflera elegantíssima**	
Dracǽna	**dereménsis**	2	Dracaene	Agaváceae
Dracǽna	**dráco**	2	Drachenbaum	
Dracǽna	**frágrans**	2	Dracaene	
Dracǽna	**surculósa**	2	Dracaene	
Dracǽna	**margináta**	2	Dracaene	
Dracǽna	**refléxa**	2	Dracaene	
Dracǽna	**sanderiána**	2	Dracaene	
Duchésnea	**índica**	2	Ind. Erdbeere	Rosáceae
Duránta	**repens**	3	Durante	Verbenáceae
Echevéria	**derenbérgii**	3	Echeverie	Crassuláceae
Echevéria	**élegans**	3	Echeverie	
Echevéria	**hármsii**	3	Echeverie	
Echevéria	**gibbiflóra**	3	Echeverie	

Echevéria	**peacóckii**	3	Echeverie	Crassuláceae
Echevéria	**púmila** var.**glauca**	3	Echeverie	
Echevéria	**setósa**	3	Echeverie	
Echinocáctus	**grusónii**	3	Goldkugelkaktus	Cactáceae
Echinocáctus	**horizont-halónius**	3	Igel- oder Kugel-kaktus	
Echinocáctus	**platyacánthus**	3	Riesen-Igelkaktus	
Echinocéreus	**knippeliánus**	3	Igel-Säulenkaktus	Cactáceae
Echinocéreus	**pectinátus**	3	Regenbogenkaktus	
Echinópsis	**eyriésii**	3	Seeigelkaktus	Cactáceae
Echinópsis	**leucántha**	3	Seeigelkaktus	
Echinópsis	**oxygóna**	3	Seeigelkaktus	Cactáceae
Elaphoglóssum	**crinítum**	3	Zungenfarn	Elaphoglossáceae
Elettária	**cardamómum**	2	Kardamome	Zingiberáceae
Enephalártos	**altenstéinii**	4	Brotpalmfarn	Cycadáceae
Enséte	**ventricósum**	1a	Zierbanane	Musáceae
Epácris	**-Hybriden**		Australheide	Epacridáceae
Epidéndrum	**ánceps**	3	Epidendrum	Orchidáceae
Epiphýllum	**angulígerum**	3	Sägeblattkaktus	Cactáceae
Epiphýllum	**crenátum**	3	Kerbenblattkaktus	
Epiprémnum	**pinnátum** ⚕	2	Rhaphidophora	Aráceae
Epíscia	**cupreáta**	2	Episcie	Gesneriáceae
Eránthemum	**wáttii**	2	Eranthemum	Acantháceae
Eríca	**báuera**	4	Erika	Ericáceae
Eríca	**cáffra**	4	Erika	
Eríca	**canaliculáta**	4	Erika	
Eríca	**cerinthoídes**	4	Erika	
Eríca	**doliifórmis**	4	Erika	
Eríca	x **cylíndrica**		Glockenheide	
Eríca	**grácilis**	4	Erika	
Eríca	**hiemális**	4	Erika	
Eríca	**mammósa**	4	Erika	
Eríca	**persolúta**	4	Erika	
Eríca	**ventricósa**	4	Erika	
Eríca	**vestíta**	4	Erika	
Eríca	x **willmórei**			
Erythrína	**crísta-gálli**	3	Korallenstrauch	Fabáceae
Eucalýptus	**cinérea**	5	Eucalyptus	
Eucalýptus	**glóbulus**	5	Blaugummibaum	Myrtáceae
Eucalýptus	**gúnnii**	5	Eucalyptus	
Eucalýptus	**salígna**	5	Sidney blue gum	
Eucháris	**amazónica** ✂	3	Eucharis	Amaryllídáceae
Éucomis	**bícolor**	4	Schopflilie	Liliáceae
Éucomis	**comósa**	4	Schopflilie	

Eugénia	**paniculáta**		= gültig Syzýgium paniculátum	
Euónymus	**fortúnei**	1	Spindelstrauch	Celastráceae
Euónymus	**japónica**	1	Spindelstrauch	
Euphórbia	**balsamífera**	2	Euphorbie	Euphorbiáceae
Euphórbia	**canariénsis**	2	Euphorbie	
Euphórbia	**cáput-medúsae**	4	Medusenhaupt	
Euphórbia	**fúlgens**	3	Wolfsmilch	
Euphórbia	**griffithii**	1	Euphorbie	
Euphórbia	**-Lómii -Hybriden**		Euphorbie	
Euphórbia	**mílii**	2	Christusdorn	
Euphórbia	**pulchérrima**	3	Poinsettie, Weihn.-St.	
Eustóma	**grandiflórum** ✂	1,3	Schönmund	Gentianáceae
Éxacum	**affíne**	2	Blaues Lieschen	Gentianáceae
Fabiána	**imbricáta**	3	Fabiana	Solanáceae
x **Fasthédera**	**lízei**		Efeuaralie	Araliáceae
Fátsia	**japónica**	1	Zimmeraralie	Araliáceae
Ferocáctus	**hamatacánthus**	3	Ferokaktus	Cactáceae
Fícus	**benghalénsis**	2,5	Banyanbaum	Moráceae
Fícus	**benjamína**	2	Trauerfeige	
Fícus	**cárica**	1a	Gem. Feigenbaum	
Fícus	**cyathistípula**	2	Feigenbaum	
Fícus	**deltoídea**	2	Mistelfeigenbaum	
Fícus	**dryepondtiána**	2	Kongofeigenbaum	
Fícus	**elástica** 'Doéscheri' 'Decóra' 'Variegáta' 'Robústa'	2	Gummibaum	
Fícus	**lepriéurii**	2	Feigenbaum	
Fícus	**lyráta**	2	Geigenfeigenbaum	
Fícus	**púmila** ⌇	1	Kletterficus	
Fícus	**montána**	2	Ficus	
Fícus	**sagittáta**	2	Ficus	
Fícus	**religiósa**	2	Heiliger Feigenbaum, Pepulbaum	
Fícus	**retúsa**	2	Feigenbaum	Moráceae
Fícus	**rubiginósa**	5	Austral. Feigenbaum	
Fícus	**schléchteri**	2	Ficus	
Fittónia	**verschafféltii** 'Argyronéura'	3	Fittone	Acantháceae
Fortunélla	**japónica**	2	Marumi-Kumquat	Rutáceae

Frementodéndron	**califórnicum**	1,3	Frementodendron	Sterculiáceae
Fúchsia	**arboréscens**	3	Fliederfuchsie	Onagráceae
Fúchsia	**fúlgens**	3	Fuchsie	
Fúchsia	**-Hybriden**		Gartenfuchsie	
Fúchsia	**lycioídes**		Fuchsie	
Fúchsia	**magellánica**	3	Scharlachfuchsie	
Fúchsia	**procúmbens**	2	Ampelfuchsie	
Fúchsia	**-Triphýlla -Hybriden**		Traubenbl. Fuchsien	
Furcrǽa	**fœ́tida**	1,3	Fourcroye	Agaváceae
Furcrǽa	**sellóa**	3	Fourcroye	
Gardénia	**jasminoídes**	1	Gardenie	Rubiáceae
Gastéria	**liliputána**	4	Gasterie	Liliáceae
Gastéria	**maculáta**	4	Gasterie	
Gastéria	**verrucósa**	4	Gasterie	
Gáura	**lindhéimeri**	1,3	Prachtkerze	Onagráceae
Geogenánthus	**poeppígii**	3	Geogenanthe	Commelináceae
Geónoma	**acáulis**	3	Geonoma-Palme	Arecáceae
Geónoma	**grácilis**	3	Geonoma-Palme	
Gérbera	**jamesónii**	4	Gerbera	Asteráceae
Gérbera	**viridifólia**	4	Gerbera	
Gleichénia	**microphýlla**	2,5	Gleichenie	Gleicheniáceae
Glóbba	**winitii**	2	Globba	Zingiberáceae
Grevíllea	**robústa**	5	Australische „Silbereiche”	Proteáceae
Grevíllea	**juniperína**	5	„Silbereiche”	
Griffínia	**hyacínthina**	3	Griffinie	Amaryllidáceae
Guzmánia	**-Hybriden**		Guzmanie	Bromeliáceae
Guzmánia	**linguláta**	2,3	Guzmanie	
Guzmánia	**mínor**	3	Guzmanie	
Guzmánia	**monostáchya**	2,3	Guzmanie	
Guzmánia	**musáica**	3	Guzmanie	
Guzmánia	**záhnii**	3	Guzmanie	
Gymnocalýcium	**denudátum**	3	„Spinnenkaktus“	Cactáceae
Gymnocalýcium	**mihanovíchii**	3	Erdbeerkaktus	
Haageocéreus	**versícolor**	3	Haageocereus	Cactáceae
Haemánthus	**álbiflos**	4	„Elefantenohr“	Amaryllidáceae
Haemánthus	**coccíneus**	4	Blutblume	
Haemánthus	**katherínae**		siehe bei **Scadóxus multiflórus**	
Hatióra	**gǽrtneri**	3	Osterkaktus	Cactáceae
Hatióra	**grǽseri**		Schein-Rhipsalis	

Hatióra	**rósea**	3	Schein-Rhipsalis	Cactáceae
Hawórthia	**fasciáta**	4	Haworthie	Liliáceae
Hawórthia	**púmila**	4	Perlen-Haworthie	
Hawórthia	**truncáta**	4	Haworthie	
Hébe	**Andersonii-Hybriden**		Strauchveronika	Scrophulariáceae
Hébe	**buchanánii**	2	Strauchveronika	
Hébe	**cupressoídes**	2	Strauchveronika	
Hébe	**pinguifólia**	2	Strauchveronika	
Hébe	**salicifólia**	2	Strauchveronika	
Héchtia	**argéntea**	3	Hechtie	Bromeliáceae
Hédera	**cólchica** ‡	1	Efeu	Araliáceae
Hédera	**hélix** ‡	1,1a	Efeu	

Subspecíes: canariénsis, hélix und poetárum in Sorten:
- 'Arboréscens', baumartige Altersform
- 'Argénteo-Variegáta', weißbunte Blätter
- 'Aúreo-Variegáta', gelbbunte Blätter
- 'Cavendíshii', mit weißem oder rotem Rand
- 'Conglomeráta', Zwergform, wenig gelappt, stark gewellt
- 'Cullísii', kleinblättrig, Mittellappen lang mit weißem oder rotem Rand
- 'Deltoídea', dreieckig, mit schwachen Lappen, Basallappen sich überdekkend
- 'Digitáta', länglich eiförmig, Seitenlappen rechtwinklig zum Mittellappen
- 'Erécta', rasig wachsende Zwergform, Blätter kahnförmig
- 'Glýmii', eiformlänglich, schwach 3lappig, stark kraus
- 'Maculáta', groß, gelbweiß gefleckt und gestreift
- 'Pedáta', sehr lang, grün mit weißen Adern
- f. **sagittifólia,** pfeilspitzig, grün-rot

Hedýchium	**coccíneum**	2	Hedychium	Zingiberáceae
Hedýchium	**gardneriánum**	1,2	Hedychium	
Helicónia	**latispátha** ✂	3	Heliconie	Musáceae
Helicónia	**metállica** ✂	3	Heliconie	
Helicónia	**psittacórum** ✂	3	Heliconie	
Helicónia	**rostráta** ✂	3	Heliconie	
Helicónia	**zebrína** ✂	3	Heliconie	
Helípterum	**anthemoídes**	5	Sonnenflügel	Asteráceae
Hibíscus	**rósa-sinénsis**		Chines. Roseneibisch	Malváceae
Hibíscus	**schizopétalus**	2	Eibisch	
Hippeástrum	**-Hybriden**		„Amaryllis“	Amaryllidáceae
Hippeástrum	**regínae**	3	Ritterstern	
Hippeástrum	**vittátum**	3	„Amaryllis“	
Hoffmánnia	**ghiesbréghtii**	3	Hoffmannie	Rubiáceae
Homalocládium	**platycládum**	2	Muehlenbeckie	Polygonáceae

Hóweia	**belmoreána**	2	Howea-Palme	Arecáceae
Hóweia	**forsteriána**	2	„Kentia“	
Hóya	**bélla** ↓	2	Wachsblume	Asclepiadáceae
Hóya	**carnósa** ↑	1,5	Wachsblume	
Hóya	**multiflóra**	2	Wachsblume	
Hydrangéa	**macrophýlla**	1	Gartenhortensie	Saxifragáceae
Hymenocállis	**narcissiflóra**	3	Hymenocallis	Amaryllidáceae
Hymenocállis	**speciósa**	2	Hymenocallis	
Hypocýrta	**glábra**	3	Hypocyrte	Gesneriáceae
Hypoéstes	**phyllostáchya**	2	Hypoestes	Acantháceae
Impátiens	**-Neu-Guinea- -Hybriden**		Fleißiges Lieschen	Balsamináceae
Impátiens	**répens**	2	Fleißiges Lieschen	
Impátiens	**walleriána**	2	Fleißiges Lieschen	
Iochróma	**cyáneum**	3	„Veilchenstrauch“	Solanáceae
Iresíne	**hérbstii**	3	Iresine	Amarantháceae
Iresíne	**lindénii**	3	Iresine	
Ixóra	**coccínea**	2	Ixore	Rubiáceae
Jacaránda	**mimosifólia**	3	Jacaranda	Bignoniáceae
Jacobínia	**cárnea**	3	Jakobinie	Acantháceae
Jasmínum	**nítidum**	2	Jasmin	Oleáceae
Jasmínum	**polyánthemum**	1	Jasmin	
Jatrópha	**podágrica**	3	Dickstamm	Euphorbiáceae
Justícia	**brandegeána**	3	Beloperone	Acantháceae
Kalánchoë	**beharénsis**	2	Kalanchoë	Crassuláceae
Kalánchoë	**blossfeldiána**	2	Kalanchoë	
Kalánchoë	**daigremontiána**	2	Brutblatt	
Kalánchoë	**laxiflóra**	2	Brutblatt	
Kalánchoë	**mangínii**	2	Kalanchoë	
Kalánchoë	**thyrsiflóra**	4	Kalanchoë	
Kalánchoë	**tubiflóra**	2	Brutblatt	
Kennédia	**rubicúnda** ↑	5	Kennedie	Fabáceae
Lachenália	**aloídes**	4	Lachenalie	Liliáceae
Láelia	**ánceps**	3	Laelie	Orchidáceae
Láelia	**purpuráta**	3	Laelie	
Lampránthus	**aurantíacus**	4	Lampránthus	Aizoáceae
Lantána	**-Camára -Hybriden**		Wandelröschen	Verbenáceae
Lantána	**montevidénsis**	3	Wandelröschen	
Lapagéria	**rósea**	3	Lapagerie	Liliáceae
Láurus	**nóbilis**	2	Lorbeer	Lauráceae
Lawsónia	**inérmis**	2,3	Hennastrauch	Lythráceae
Leonótus	**leonúrus**	4	Löwenohr	Lamicáceae
Leucadéndron	**coníferum** ✂	4	Leucadendron	Proteáceae
Leucospérmum	**cordifólium**	4	Weißsame	Proteáceae

Leucospérmum	**grandiflórum**	4	Weißsame	Proteáceae
Leptospérmum	**scopárium**	5	Leptospermum	Myrtáceae
Licuála	**grándis**	2	Strahlenpalme	Arecáceae
Lithops	**pseudotruncatélla**	4	Lebender Stein	Aizoáceae
Livistóna	**austrális**	5	Livistonie	Arecáceae
Livistóna	**chinénsis**	1	Livistonie	
Lobívia	**haageána**	3	Lobivia	Cactáceae
Lonicéra	**japónica**	1	Geißblatt	Caprifoliáceae
Lophóphora	**williámsii**	3	„Pellote"	Cactáceae
Lótus	**berthelótii**	2	Hornklee	Fabáceae
Lótus	**maculátus**	1a	Hornklee	
Lúma	**apiculáta**	3	Lumamyrte	Myrtáceae
Lycáste	**aromática**	3	Lycaste	Orchidáceae
Lycáste	**skínneri**	3	Lycaste	
Lycáste	**trícolor**	3	Lycaste	
Macrozámia	**spirális**	5	Makrozamie	Cycadáceae
Mammillária	**bombycína**	3	Warzenkaktus	Cactáceae
Mammillária	**cáput-medúsae**	3	Warzenkaktus	
Mammillária	**compréssa**	3	Warzenkaktus	
Mammillária	**longimámma**	3	Warzenkaktus	
Mammillária	**eriacántha**	3	Warzenkaktus	Cactaceae
Mammillária	**magnimámma**	3	Warzenkaktus	
Mammillária	**rhodántha**	3	Warzenkaktus	
Mammillária	**zeilmanniãna**	3	Warzenkaktus	
Manéttia	**bícolor**	3	Manettie	Rubiáceae
Maránta	**bícolor**	3	Marante	Marantáceae
Maránta	**leuconéura**	3	Marante	

var. **kerchoviána**, smaragdgrün,
var. **massangeána**, kleine Blätter, unten rot

Maxillária	**pícta**	3	Maxillaria	Orchidáceae
Medinílla	**magnífica**	2	Medinille	Melastomatáceae
Medinílla	**sedifólia**	2	Medinille	
Melaléuca	**hypericifólia**	5	Myrtenheide	Myrtáceae
Melaléua	**ericifólia**	5	Myrtenheide	
Melastóma	**malabáthricum**	2,5	Melastoma	Melastomatáceae
Melocáctus	**intórtus**	2	Melonenkaktus	Cactáceae
Méntha	**suavéolens**	1a	Apfelminze	Lamiáceae

Mesembryánthemum ist bzw. wird in viele Gattungen aufgeteilt

Metrosidéros	**excélsa**	2	Eisenholzbaum	Myrtáceae
Michélia	**chámpaca**	2	„Champaka"	Magnoliáceae
Microcóelum	**weddelliánum**	3	Microcoelum-Palme „Kokospälmchen	Arecáceae

Microlépia	**spelúncae**	2,4	Microlepie	Dennstaedtiáceae
Miltoniópsis	**vexillária**	3	Miltonie	Orchidáceae
Mimósa	**pudíca**	3	Schamhafte Sinnpfl.	Mimosáceae
Mímulus	**aurantíacus**	1	Gauklerblume	Scrophulariáceae
Mónstera	**deliciósa**	3	Monstera	Aráceae
Mónstera	**adansónii**	2,3	Monstera	
Muehlenbéckia	**compléxa** §	2	Muehlenbeckie	Polygonáceae
Murrāya	**paniculáta**	2,5	Murraya	Rutáceae
Músa	x **paradisíaca**		Banane	Musáceae
Mussaénda	**erythrophýlla** §	2	Mussaénda	Rubiáceae
Mýrtus	**commúnis**	1a	Myrte, Brautmyrte	Myrtáceae
Myricária	**cauliflóra**	1a	Rispelstrauch	Tamaricáceae
Myrsíne	**africána**	1a	Afrik. „Buschbohne"	Myrisináceae
Nandína	**doméstica**	1,2	Nandine	Berberidáceae
Neoregélia	**carolínae** 'Tricolor'	3	Neoregelie	Bromeliáceae
Neoregélia	**concéntrica**	3	Neoregelie	
Neoregélia	**spectábilis**	3	Neoregelie	
Nepénthes	**-Hybriden**		Kannenstrauch	Nepentháceae
Nepénthes	**mirábilis**	2	Kannenstrauch	
Nepénthes	**sanguínea**	2	Kannenstrauch	
Nepénthes	**ventricósa**	2	Kannenstrauch	
Nephrólepis	**cordifólia** 'Plumosa'	2	Nephrolepis	Nephrolepidáceae
Nehprólepis	**exaltáta**	2	Nephrolepis	

Als wichtige Exaltata-Sorten sind aufgeführt:
'Bornstedt', mehrfach fein gefiedert
'Bostoniénsis', einfach gefiedert
'Fósteri', hängend, doppelt gefiedert
'Harrísii', einfach gefiedert, gewellt
'Hílii', schmal doppelt gefiedert
'Maasii', gedrungen, einfach gefiedert
'Rooseféltii', gewellt, geöhrte Fiedern
'Whitmánnii', kraus, breit, gefiedert

Nérium	**oleánder**	1a	Oleander	Apocynáceae
Nértera	**granadénsis**	3	Korallenbeere	Rubiáceae
Nidulárium	**billbergioídes**	3	Nidularie	Bromeliáceae
Nidulárium	**fúlgens**	3	Nidularie	
Nidulárium	**innocéntii**	3	Nidularie	
Nidulárium	**striátum**	3	Nidularie	Bromeliáceae
Nierembérgia	**hippománca**	3	Nierembergie	Solanáceae
Nopalxóchia	**phyllanthoídes**	3	Nopalxochie "Phyllokaktus"	Cactáceae
Óchna	**serruláta**	2	Micky-Mouse-Pfl.	Ochnáceae
Odontoglóssum	**críspum**	3	Odontoglossum	Orchidáceae

Odontoglóssum	**nóbile**	3	Odontoglossum	Orchidáceae
Oleária	**álbida**	2	Olearie	Asteráceae
Oncídium	**krameriánum**	3	Oncidium	Orchidáceae
Oncídium	**marshalliánum**	3	Oncidium	
Oncídium	**papílio**	3	Schmetterlings-Oncidium	
Onýchium	**japónicum**	1,2	Klauenfarn	Cryptogrammaceae
Ophiopógon	**jabúran**	1	Schlangenbart	Liliáceae
Ophiopógon	**japónicus**	1	Schlangenbart	
Oplísmenus	**hirtéllus**	2,3	Oplismenus	Poáceae
Opúntia	**clavarioídes**	3	„Negerfinger“	Cactáceae
Opúntia	**erinácea**	1,3	Opuntie	
Opúntia	**fícus-índica**	1a, 2,3	Feigenopuntie	
Opúntia	**micródasys**	3	Goldopuntie	
Opúntia	**subuláta**	3	Zylinder-(Pfriem-) Op.	
Oreocéreus	**celsiánus**	3	Bergcereus	Cactáceae
Oreópanax	**dactylifólius**	3	Bergaralie	Araliáceae
Ornithógalum	**arábicum**	1a	Milchstern	Liliáceae
Oxalis	**déppei**	3	„Glücksklee“	Oxalidáceae
Oxalis	**tetraphýlla**	3	„Glücksklee“	
Oxypétalum	**caerúleum** ⌇	3	Spitzkrönchen	Asclepiadáceae
Pachypódium	**geáyi**	2	Pachypodium	Apocynáceae
Pachypódium	**lamiéri**	2	Pachypodium	
Pachystáchys	**lútea**	3	Pachystachys	Acantháceae
Palisóta	**bracteósa**	2	Palisote	Commelináceae
Pándanus	**útilis**	2	Schraubenbaum	Pandanáceae
Pándanus	**veítchii**	2	Schraubenbaum	
Paphiopédilum	**callósum**	2	Venusschuh	Orchidáceae
Paphiopédilum	**-Hybriden** ✂		Venusschuh	
Paphiopédilum	**insígne**	2	Venusschuh	
Paphiopédilum	**philippinénse**	2	Venusschuh	
Parthenocíssus	**henryána** ⌇	1	Jungfernrebe	Vitáceae
Passiflóra	**caerúlea** ⌇	3	Blaue Passionsblume	Passifloráceae
Passiflóra	**quadrangulá-ris** ⌇	3	Riesengranadilla	
Passiflóra	**racemósa** ⌇	3	Passionsblume	
Pavónia	**multiflóra**	3	Pavonie	Malváceae
Pedilánthus	**tithymaloídes**	3	Pedilanthus	Euphorbiáceae
Pelargónium	**capitátum**	4	Duftpel. (Rose)	Geraniáceae
Pelargónium	**críspum**	4	Duftpel. (Zitrone)	
Pelargónium	x **citriodórum**	4	Duftpel. (Orange)	
Pelargónium	x **frágrans**	4	Duftpel. (Muskat)	

Pelargónium	**-Grandiflórum -Hybriden**		Edelpelargonie	Geraniáceae
Pelargónium	**gravéolens**	4	Duftpel. (Rose)	
Pelargónium	**odoratíssimum**	4	Duftpel. (Apfel)	
Pelargónium	**-Peltátum -Hybriden** ≀		Efeupelargonie	
Pelargónium	**quercifólium**	4	Duftpelargonie (Schokolade)	
Pelargónium	**rádens**	4	Duftpel. (Rose)	
Pelargónium	**tomentósum**	4	Duftpelargonie (Pfefferminze)	
Pelargónium	**-Zonále -Hybriden**		Zonalpelargonie	
Pelecýphora	**asellifórmis**	3	Asselkaktus	Cactáceae
Pellǽa	**atropurpúrea**		Pellaea	Sinopteridáceae
Pellǽa	**rotundifólia**	2	Pellaea	
Pellǽa	**víridis**	2	Pellaea	
Pelliónia	**púlchra**	2	Pellionie	Urticáceae
Pelliónia	**répens**	2	Pellionie	
Péntas	**lanceoláta**	2	Fünfling	Rubiáceae
Peperómia	**argyréia**	3	Zwergpfeffer	Piperáceae
Peperómia	**caperáta**	3	Zwergpfeffer	
Peperómia	**clusiifólia**	3	Zwergpfeffer	
Peperómia	**fráseri**	3	Zwergpfeffer	
Peperómia	**glabélla**	3	Zwergpfeffer	
Peperómia	**incána**	3	Zwergpfeffer	
Peperómia	**obtusifólia**	3	Zwergpfeffer	
Peperómia	**puteoláta**	3	Zwergpfeffer	
Peperómia	**verticilláta**	3	Zwergpfeffer	
Peréskia	**aculeáta**	3	Pereskie	Cactáceae
Perilépta	**dyeriána**	2	Perilepte	Acantháceae
Perístrophe	**speciósa**	2	Peristrophe	Acantháceae
Pernéttya	**mucronáta**	3,6	Torfmyrte	Ericáceae
Petúnia	**-Hybriden**		Petunie	Solanáceae
Pháius	**tankervílleae**	2	Phajus	Orchidáceae
Phalaenópsis	**amábilis**	2	Malaienblume	Orchidáceae
Phalaenópsis	**-Hybriden** ✂		Malaienblume	
Phalaenópsis	**schilleriána**	2	Malaienblume	
Philodéndron	**bipinnatífidum**	3	Philodendron	Aráceae
Philodéndron	**angustiséctum** ≀	3	Philodendron	
Philodéndron	**elongátum** ≀	3	Philodendron	
Philodéndron	**erubéscens** ≀	3	Philodendron	
Philodéndron	**ilsemánnii** ≀		Philodendron	
Philodéndron	**imbe** ≀	3	Philodendron	
Philodéndron	**pedátum** ≀	3	Philodendron	

Philodéndron	**melanochrý-sum**		Philodendron	Aráceae
Philodéndron	**bipennifólium** ⸾	3	Philodendron	
Philodéndron	**sagittifólium** ⸾	3	Philodendron	
Philodéndron	**scándens** ⸾	3	Philodendron	
Philodéndron	**squamíferum** ⸾	3	Philodendron	
Phlebódium	**áureum**	3	Tüpfelfarn	Polypodiáceae
Phoénix	**canariénsis**	2	Phoenix	Arecáceae
Phoénix	**louréirii**	2	Phoenix	
Phoénix	**roebelénii**	2	Phoenix	Arecáceae
Phórmium	**ténax**	2	Neuseeländer Flachs	Liliáceae
Phyllánthus	**émblica**	2	Amblabaum	Euphorbiáceae
Phyllostáchys	**áurea**	1	Bambus	Poáceae
Phyllostáchys	**bambusoídes**	1,2	Bambus	
Phyllostáchys	**nígra**	1	Bambus	
Pílea	**cadiérei**	2	Kanonierblume	Urticáceae
Pílea	**microphýlla**	3	Kanonierblume	
Pílea	**nummulariifó-lia**	2	Kanonierblume	
Piper	**bétle** ⸾	2	Betel-Pfeffer	Piperáceae
Piper	**ornátum** ⸾	2	Pfeffer	
Piquéria	**trinérvia** ✂	3	Piquerie	Asteráceae
Pisónia	**umbellífera**	5	Pisonie	Nyctigináceae
Pittósporum	**tobíra**	2	Klebsame	Pittosporáceae
Platycérium	**bifurcátum**	5	Geweihfarn	Polypodiáceae
Platycérium	**gránde**	2	Geweihfarn	
Platycérium	**híllii**	5	Geweihfarn	
Platycérium	**vássei**	2	Geweihfarn	
Platycérium	**willínckii**	2	Geweihfarn	
Plectránthus	**coleoídes**	2	Mottenkönig	Lamiáceae
Plectránthus	**fruticósus**	2	Mottenkönig	
Plectránthus	**oertendáhlii**	2	Harfenstrauch	
Plumbágo	**auriculáta**	4	Bleiwurz	Plumbagináceae
Plumbágo	**índica**	2	Bleiwurz	
Pogonátherum	**paníceum**	2,5	Zierbambus	Poáceae
Poliánthes	**tuberósa**		Tuberose	Agaváceae
Polypódium	**musifólium**	2	Tüpfelfarn	Polypodiáceae
Polýscias	**scutellária**	2	Fiederaralie	Araliáceae
Portulacária	**áfra**	4	Speckbaum	Portulacáceae
Prímula	x **kewénsis**		Primel	Primuláceae
Prímula	**malacoídes**	1	Fliederprimel	
Prímula	**obcónica**	1	Becherprimel	
Prímula	**praenítens**	1	Chinesen-Primel	
Prótea	**cynaroídes**	4	Protea	Proteáceae
Prótea	**barbígera** ✂	4	Protea	

Prótea	**grándiceps** ✂	4	Protea	Proteáceae
Prótea	**neriifólia** ✂	4	Protea	
Prótea	**repens**	4	Protea	
Prótea	**speciósa**	4	Protea	
Pseuderán-themum	**atropurpúreum**	2	Pseuderanthemum	Acantháceae
Pseuderán-themum	**tuberculátum**	2	Pseuderanthemum	
Ptéris	**quadriaurita**	2	Saumfarn	Pteridáceae
Ptéris	**crética**	1a	Saumfarn	

'Albo-Lineáta', weißl. Mittelband
'Májor', dunkelgrün, hochwachsend
'Párkeri', sehr breit, ungekraust
'Wimsétti', hellgrün, doppelt gefiedert

Ptéris	**trémula**	5	Saumfarn	
Ptéris	**umbrósa**	5	Saumfarn	
Ptilótus	**manglésii**	5	Ptilotus	Amarantháceae
Púnica	**granátum**	1a	Granatbaum	Punicáceae
Quesnélia	**arvénsis**	3	Quesnelie	Bromeliáceae
Quámoclit	**lobáta**	3	Sternwinde	Convolvuláceae
Raóulia	**austrális**	2,5	Kleinste Staude 2–5 cm hoch	Asteráceae
Rademáchera	**sínica**	2	Rademachera	Bignoniáceae
Ráphia	**fariniféra**	2	Raffiapalme	Arecáceae
Rebútia	**chrysacántha**	3	Rebutie	Cactáceae
Rebútia	**minúscula**	3	Rebutie	
Rebútia	**senílis**	3	Rebutie	
Rechsteinéria	**cardinális**		siehe bei **Sinníngia**	
Reinwárdtia	**índica**	2	Indischer Lein	Lináceae
Rhaphidóphora	**áurea**		siehe **Epiprémnum pinnátum**	
Rhaphidóphora	**celatocáulis**	2	Rhaphidophora	Aráceae
Rhaphidóphora	**decursíva**	2	Rhaphidophora	
Rhápis	**excélsa**		Stecken-Palme	Arecáceae
Rhápis	**húmilis**	2	Stecken-Palme	
Rhipsalidópsis	**gaertneri**		siehe bei **Hatióra**	
Rhipsalidópsis	**graéseri**		siehe bei **Hatióra**	
Rhipsalidópsis	**rósea**		siehe bei **Hatióra**	
Rhípsalis	**baccífera** ⌇	2,3	Rutenkaktus	Cactáceae
Rhípsalis	**capillifórmis** ⌇	3	Rutenkaktus	
Rhípsalis	**rhómbea** ⌇	3	Rutenkaktus	
Rhodóchiton	**atrosanguíneus**	3	Rhodochiton	Scrophulariáceae
Rhododéndron	**símsii**	1	Azalee, Rhododendr.	Ericáceae

Rhoeo	**spathácea**		siehe bei **Tradescántia spathácea**	
Rhoicíssus	**capénsis**	4	Rhoicissus	Vitáceae
Rondelétia	**amoena**	3	Rondeletie	Rubiáceae
Róhdea	**japónica**		Rohdee	Liliáceae
Rósa	**chinésis**	1	Bengalrose	Rosáceae
	var. **mínima**		Zwergrose	
Rossioglóssum	**gránde**	3	Odontoglossum	Orchidáceae
Roystónea	**régia**	3	Königspalme	Arecáceae
Ruéllia	**macrántha**	3	Ruellie	Acantháceae
Rumóhra	**adiantifórmis**	2,3	Lederfarn	Aspidiáceae
Russélia	**equisetifórmis**	3	Russelie	Scrophulariáceae
Sábal	**blackburniána**		Sabal-Palme	Arecáceae
Sábal	**palmétto**	1,2	Palmetto-Palme	
Sagerétia	**théa**	1,2	Sageretie	Rhamnáceae
Saintpaulia	**ionántha**	2	Usambara-Veilchen	Gesneriáceae
Sandersónia	**aurantíaca**	4	Sandersonie	Liliáceae
Sanchézia	**nóbilis**	3	Sanchezie	Acantháceae
Sanseviéria	**trifasciáta**	2	Bogenhanf	Agaváceae

'Craigii', mehrere, breite, weißliche Längsstreifen
'Háhnii', rosettig, trichterförmiger Wuchs
'Lauréntii', breite, goldgelbe Randstreifen
'Golden Háhnii', goldgelbe 'Háhnii'

Sálvia	**coccínea**	2,3	Salvie	Lamiáceae
Sarracénia	**-Hybriden**		Sarracenie	Sarraceniáceae
Sarcocaulon	**vanderiétiae**	4	Dickstengel	Geraniáceae
Saxifraga	**stolonífera** ≀	1	Judenbart	Saxifragáceae
Scaevola	**-Hybriden** ≀		Fächerblume	Goodeniáceae
Scadóxus	**multiflórus** ssp. **Katherinae**	4	Elefantenohr	Amaryllidáceae
Schéfflera	**actinophýlla**	2,5	Schefflera	
Schéfflera	**arborícola**	2	Schefflera	
Schéfflera	**elegantíssima**	2,5	Dizygotheca	Araliáceae
Schisma-toglóttis	**concínna**	2	Schismatoglottis	Aráceae
Schizánthus	**-Wisetonénsis -Hybriden**		Spaltblume	Solanáceae
Schlumbérgera	**-Hybriden**		Weihnachtskaktus	Cactáceae
Scindápsus	**píctus**	2	Scindapsus	Aráceae
Scutellária	**costaricána**	3	Helmkraut	Lamiáceae
Sédum	**lineáre**	1	Sedum, Fetthenne	Crassuláceae
Sédum	**morganiánum** ≀	3	Sedum, Fetthenne	
Sédum	**pachyphýllum**	3	Sedum, Fetthenne	

Selaginélla	**ápoda**	1	Mooskraut	Selaginelláceae
Selaginélla	**denticuláta**	1a,2	Mooskraut	
Selaginélla	**kraussiána**	1a,2	Mooskraut	
Selaginélla	**lepidophýlla**	3	Auferstehungspfl.	
Selaginélla	**marténsii**	3	Mooskraut	
Selaginélla	**palléscens**	3	Mooskraut	
Selenicéreus	**grandiflórus** ≀	2,3	Königin der Nacht	Cactáceae
Selenicéreus	**pteránthus** ≀	3	Prinzessin der Nacht	
Seemánnia	**latifólia**	3	Seemannie	Gesneriáceae
Senécio	**-Cruéntus -Hybriden**		Cinerarie	Asteráceae
Senécio	**herreánus** ≀	4	Kreuzkraut	
Senécio	**kléinia**	2	Kleinie	
Senécio	**macroglóssus**	4	Kreuzkraut	
Senécio	**mikanioídes** ≀	1a	Sommer-, Stubenefeu	
Seríssa	**fœ́tida**	2	Serissa	Rubiáceae
Setcreásea	**pállida**		siehe bei **Tradescántia pállida**	
Setária	**palmifólia**	2	Hirse	Poáceae
Sidérasis	**fuscáta**	3	Siderasis	Commelináceae
Sinníngia	**-Hybriden**		Gartengloxinie	Gesneriáceae
Sinníngia	**cardinális**	3	Rechsteinerie	
Smithiántha	**zebrína**	3	Smithianthe	Gesneriáceae
Solánum	**capsicástrum**	3	Korallenbäumchen	Solanáceae
Solánum	**jasminoídes**	3	Solanum	
Solánum	**laciniátum**	2,5	Solanum	
Solánum	**muricatum**	3	Pepino, Fr. eßbar	
Solánum	**pseudo-cápsicum**	2	Korallenstrauch	
Solánum	**rantonnétii**	3	Solanum	
Soleirólia	**soleirólii**	1a	Bubikopf	Urticáceae
Sophronítis	**coccínea**	3	Sophronitis	Orchidáceae
Sparmánnia	**africána**	4	Zimmerlinde	Tiliáceae
Spathiphýllum	**floribúndum**	3	Spathiphyllum	Aráceae
Spathiphýllum	**wallísii**	3	Spathiphyllum	
Stanhópea	**hernandézii**	3	Getigerte Stanhopee	Orchidáceae
Stanhópea	**insígnis**	3	Stanhopee	
Stapélia	**astérias**	4	Stapelie	Asclepiadáceae
Stapélia	**hirsúta**	4	Stapelie	
Stapélia	**pillánsii**	4	Stapelie	
Stenocárpus	**sinuátus**	5	Schmalfrucht	Proteáceae
Stenocéreus	**dumortiéri**	3	Schraubenkaktus	Cactáceae
Stephanótis	**floribúnda**	2	Stephanotis	Asclepiadáceae

Strelítzia	**regínae**	4	Strelitzie	Musáceae
Streptocárpus	**-Hybriden**		Drehfrucht	Gesneriáceae
Streptocárpus	**saxórum**	2	Drehfrucht	
Strongýlodon	**macrobótrys** ⸾	2	„Jadewein"	Fabáceae
Strománthe	**amábilis**	3	Stromanthe	Marantáceae
Sútera	**diffúsa (cordáta)**		Bacopa des Handels	Scrophulariáceae
Syngónium	**podophýllum**	3	Syngonium	Aráceae
Syzýgium	**jámbos**	2	„Rosenapfel"	Myrtáceae
Tecomária	**capénsis**	4	Tecomarie	Bignoniáceae
Tecóma	**stans**	3	Tecoma	Bignoniáceae
Tetrastígma	**voinieriánum**	2	Testrastigma	Vitáceae
Thelocáctus	**setispínus**	3	Hakenkaktus	Cactáceae
Theobróma	**cacao**	3	Kakaobaum	Sterculiáceae
Thunbérgia	**eréсta**	2	Thunbergie	Acantháceae
Thunbergia	**grandiflora** ⸾	2	Thunbergie	
Thunbergia	**mysorénsis** ⸾	2	Thunbergie	
Tibouchina	**urvilleána**	3	Tibouchina	Melastomatáceae
Tillándsia	**cyánea**	3	Tillandsie	Bromeliáceae
Tillándsia	**lindénii**	3	Tillandsie	
Tillándsia	**polystáchya**	3	Tillandsie	
Tillándsia	**usneoídes**	3	Louisiana-Moos	
Titanópsis	**schwantésii**	4	Titanopsis	Aizoáceae
Tódea	**bárbata**	4,5	Todee	Osmundáceae
Tolmíea	**menziésii**	1	Tolmiee	Saxifragáceae
Torénia	**fourniéri**	2	Torenie	Scrophulariáceae
Trachélium	**caerúleum**	1a	Trachelium	Campanuláceae
Trachelo-spermum	**jasminoídes** ⸾	1	Trachelospermum	Apocynáceae
Trachycárpus	**fortúnei**	2	Hanf-Palme	Arecáceae
Tradescántia	**albiflóra**	3	Tradescantie	Commelináceae
Tradescántia	**cerinthoídes**	3	Tradeskantie	
Tradescántia	**fluminénsis**	3	Tradeskantie	
Tradescántia	**pállida**	3	Tradeskantie	
Tradescántia	**spathácea**	3	Tradeskantie	
Tradescántia	**zebrína** ⸾	3	Tradeskantie	
Trichodiadéma	**dénsum**	4	Trichodiadema	Aizoáceae
Tritónia	**crocáta**	4	Tritonie	Iridáceae
Urgínea	**marítima**	1,2	Meerzwiebel	Liliáceae
Vallóta	**speciósa**		siehe bei **Cyrtánthus purpúreus**	
Vánda	**coerúlea**	2	Vanda	Orchidáceae
Vánda	**trícolor**	2	Vanda	
Vanílla	**planifólia**	3	Gewürz-Vanille	Orchidáceae
Veltheimia	**capénsis**	4	Veltheimie	Liliáceae
Verbéna	**ténera**	3	Verbene	Verbenáceae

Verónica	vgl. **Hébe** ♃			
Vibúrnum	**tinus**	1a	„Laurustinus“	Caprifoliáceae
Víola	**hederácea** ⸾	5	Austr. Veilchen	Violáceae
Víola	**suávis** ✂	1,1a	Duftveilchen	
Vriésea	**fenestrális**	3	Vriesea	Bromeliáceae
Vriésea	**hieroglýphica**	3	Vriesea	
Vriésea	**-Hybriden**		Vriesea	
Vriésea	**psittacina**	3	Vriesea	
Vriésea	**saundérsii**	3	Vriesea	
Vriésea	**spléndens**	3	Vriesea	
Wedélia	**trilobáta** ⸾	2,3	Wedelie	Asteráceae
Woodwárdia	**radícans**	1a	Woodwardie	Blechnáceae
Xanthosóma	**nígrum**	2,3	Xanthosome	Aráceae
Yúcca	**aloifólia**	2,3	Palmlilie	Agaváceae
Yúcca	**elephántipes**	3	Palmlilie	
Yúcca	**gloriósa**	3	Palmlilie	
Yúcca	**recurvifólia**	3	Palmlilie	
Yúcca	**rostráta**	3	Palmlilie	
Zámia	**púmila**	3	Zamie	Cycadáceae
Zamiocúlcas	**zamiifólia**	2	Zamioculcas	Aráceae
Zantedésschia	**aethiópica**	4	Zimmer-Calla	Aráceae
Zantedechia	**elliottiána** ✂	4	Calla (gelbe Spatha)	
Zebrína	**péndula**		siehe **Tradescántia zebrína**	
Zebrína	**purpúsii**		Tradescantie	
Zingíber	**spectábile**	2	Pracht-Ingwer	Zingiberáceae
Zygocáctus	**-Hybriden**		siehe bei **Schlumbérgera-Hybr.**	

Surfinias: Petuniensorten, die das Ergebnis von Kreuzungen zwischen Wildpetunien und Kultursorten sind und sich durch besondere Reichblütigkeit auszeichnen, laufen unter diesem Namen.

Tamaya: Neuheit, wenn auch kulturtechnisch mittels Veredelung erzeugt. In Frankreich werden bei diesem Verfahren auf Exemplare einer nicht genau bekannten *Begónia* spec. „Reiser” von *B.-Corállina-Hybriden* „gepfropft”. Es entstehen „Baumbegonien“. In etymologischer Sucht ist Tamaya eine Himmelsgöttin der Indios. Tamaya-Pflanzen können offensichtlich auch ohne Veredelung erzeugt werden.
IPM erbrachte dafür im Februar 1992 den Beweis.

Wasserpflanzen

Für Warmwasserbecken und Aquarien≈

(Bedeutung der Zahlen hinter den Artnamen siehe S. 159)

Alísma	**gramíneum f. submérsum**	1a	Froschlöffel	Alismatáceae
Aponogéton	**madagasca-riénsis**	2	Gitterpflanze	Aponogetonáceae
Aponogéton	**distáchyos**	2,5	Wasserähre	
Azólla	**caroliniána**	1,3	Algenfarn	Azolláceae
Azólla	**filiculóides**	1,3	Algenfarn	
Cabómba	**caroliniána**	1,3	Cabomba	Nymphaeáceae
Callítriche	**palústris**	1,2,5	Wasserstern	Callitricháceae
Ceratópteris	**thalictroídes**	2	Hornfarn	Parkeriáceae
Cryptocóryne	**ciliáta**	2	Cryptocoryne	Aráceae
Cryptocóryne	**griffíthii**	2	Cryptocoryne	
Cypérus	**alternifólius**	2,4	Zypergras	Cyperáceae
Echinodórus	**cordifólius**	1,3	Echinodorus	Alismatáceae
Echinodórus	**quadricostátus**	3	Echinodorus	
Echinodórus	**tenéllus**	2,3	Echinodorus	
Eichhórnia	**azúrea**	3	Eichhornie	Pontederiáceae
Echhórnia	**crássipes**	3	Wasserhyazinthe	
Elódea	**callitrichoídes**	3	Wasserpest	Hydrocharitáceae
Elódea	**canadénsis**	1	Kanad. Wasserpest	
Egéria	**dénsa**	3	Wasserpest	
Eurýale	**férox**	1,2	Euryale	Nymphaeáceae
Heteranthéra	**zosterifólia**	3	Heteranthere	Pontederiáceae
Hydrílla	**verticilláta**	1a, 2,5	Wasserquirl	Hydrocharitáceae
Limnóphila	**sessiliflóra**	1,2	Limnophile	Scrophulariáceae
Ludwígia	**alternifólia**	1,3	Ludwigie	Onágráceae
Myriophýllum	**aquáticum**	3	Tausendblatt	Haloragáceae
Myriophýllum	**hippuroídes**	1,3	Tausendblatt	
Nelúmbo	**lútea**	2,3	Amer. Lotosblume	Nymphaeáceae
Nelúmbo	**nucífera**	2,5	Ind. Lotosblume	
Nymphǽa	**lótus**	2	Ägypt. Lotosblume	Nymphaeáceae
Ottélia	**alismoídes**	2,5	Ottelie	Hydrocharitáceae
Piluléria	**globulífera**	1a	Pillenfarn	Marsileáceae
Pístia	**stratiótes**	2,3	Pistie, Wassersalat	Aráceae
Regnellídium	**diphýllum**	3	Regnellidium	Marsileáceae
Sagittária	**subuláta**	1,2	Pfeilkraut	Alismatáceae
Salvínia	**auriculáta**	2,3	Schwimmfarn	Salviniáceae
Salvínia	**mínima**	3	Schwimmfarn	
Scírpus	**cérnuus**	2	Frauenhaar	Cyperáceae

Vallisnéria	**gigantéa**	2,5	Riesen-Vallisnerie	Hydrocharitáceae
Vallisnéria	**spirális**	1a,2	Schrauben-Vallisnerie	
Victória	**amazónica**	3	Viktoria	Nymphaeáceae
Victória	**cruziána**	3	Viktoria	

Abschlußbemerkung: Für fortgeschrittene „Aquarianer" sind noch weitere ganz spezielle Arten im Fachhandel erhältlich.

Für Wasseranlagen im Freien ≈

Acorus	**cálamus**	1	Kalmus	Aráceae
Alísma	**lanceolátum**	1,1a	Froschlöffel	Alismatáceae
Alísma	**plantágo-aquática**	1,3	Froschlöffel	
Aponogéton	**distáchyos**	1,2, 5	Wasserähre	Aponogetonáceae
Bútomus	**umbellátus**	1,1a	Blumenbinse	Butomáceae
Callítriche	**stagnális**	1,2, 3,5	Wasserstern	Callitricháceae
Cálla	**palústris**	1	Sumpfkalla	Aráceae
Cáltha	**palústris**	1	Sumpf-Dotterblume	Ranunculáceae
Cárex	**gráyi**	1	Segge (Morgenstern)	Cyperáceae
Ceratophýllum	**demérsum**	1–6	Hornblatt	Ceratophylláceae
Erióphorum	**angustifólium**	1	Wollgras	Cyperáceae
Erióphorum	**scheúchzeri**	1	Wollgras	
Erióphorum	**vaginátum**	1	Wollgras	
Equisétum	**telmateía**	1,1a	Riesenschachtelhalm	Equisetáceae
Equisétum	**variegátum**	1,6	Schachtelhalm	
Gladíolus	**palústris**	1,1a	Sumpfsiegwurz	Iridáceae
Helónias	**bulláta**	1	Helonias	Liliáceae
Hippúris	**vulgáris**	1,6	Tannenwedel	Hippuridáceae
Hottónia	**palústris**	1,1a	Wasserfeder	Primuláceae
Hydrócharis	**mórsus-ránae**	1,1a	Froschbiß	Hydrocharitáceae
Iris	**ensáta**	1	Schwertlilie	Iridáceae
Iris	**laevigáta**	1	Schwertlilie	
Iris	**pseudácorus**	1a	Schwertlilie	
Iris	**sibírica**	1	Schwertlilie	
Júncus	**effúsus**	1–4	Zwergbinse	Juncáceae
Lémna	**mínor**	1	Wasserlinse	Lemnáceae
Lysichíton	**americánus**	1	Lysichiton	Aráceae
Menyánthes	**trifoliáta**	1	Bitterklee	Menyantháceae
Myriophýllum	**alterniflórum**	1,1a	Tausendblatt	Haloragáceae
Myriophýllum	**aquáticum**	1a	Tausendblatt	
Myriophýllum	**spicátum**	1,4	Tausendblatt	
Myriophýllum	**verticillátum**	1	Tausendblatt	

Núphar	**lútea**	1,1a	Gelbe Teichrose, Seekandel, Mummel	Nymphaeáceae
Nymphaéa	**álba**	1,1a	Weiße Seerose	Nymphaeáceae
Nymphaéa	**candída**	1	Seerose	
Nymphoídes	**peltáta**	1	Seekanne	Menyantháceae
Oróntium	**aquáticum**	1	Goldkeule	Aráceae
Phragmítes	**austrális**	1–6	Schilf, Rohr	Poáceae
Potamogéton	**nátans**	1,3	Laichkraut	Potamogetoná-ceae
Potentílla	**palústris**	1	Blutauge	Rosáceae
Ranúnculus	**aquátilis**	1–3	Wasserhahnenfuß	Ranunculáceae
Ranúnculus	**circinátus**	1	Wasserhahnenfuß	Ranunculáceae
Ranúnculus	**flámmula**	1	Brennender Hahnenfuß	
Ranúnculus	**hederáceus**	1	Wasserhahnenfuß	
Ranúnculus	**língua**	1,1a	Großer Hahnenfuß	
Sagittária	**sagittifólia**	1	Gewöhnl. Pfeilkraut	Hydrocharitáceae
Scírpus	**lacústris** ssp. **tabernae-montáni**	1,1a	Teichbinse	Juncáceae
Stratiótes	**aloídes**	1	Krebsschere	Hydrocharitáceae
Trápa	**nátans**	1,1a	Wassernuß	Typháceae
Týpha	**angustifólia**	1,1a	Rohrkolben	
Týpha	**latifólia**	1,5	Rohrkolben	
Týpha	**mínima**	1,1a	Rohrkolben	
Utriculária	**vulgáris**	1	Wasserschlauch	Lentibulariáceae
Wólffia	**arrhíza**	1,1a	Zwergwasserlilie	Lemnáceae

Anmerkung: Die Wasserpest-Arten und die Algenfarne, aufgeführt bei den Arten für Warmwasserbecken, haben sich bei uns längst auch in Teichen im Freien ausgebreitet, überwintern in ihnen hinlänglich und können regelrecht zu „Unkräutern“ in den Gartenteichen werden.

Laubgehölze

Sträucher und Bäume des Freilandes

(Bedeutung der Zahlen hinter den Artnamen siehe S. 159)
Zeichenerklärung: ⸾ Kletter- bzw. Schlingpflanzen,
^ Winterschutz erforderlich

Acanthópanax	**sieboldiánus**		siehe bei **Eleutherocóccus**	
Acer	**campéstre**	1,1a	Feldahorn, Maßholder	Aceráceae
Acer	**japónicum**	1	Ahorn	
Acer	**gínnala**	1	Feuerahorn	
Acer	**monspessulánum**	1,1a	Ahorn	
Acer	**negúndo**	1	Eschenahorn	
Acer	**palmátum**	1	Japan-Ahorn	
Acer	**platanoídes**	1	Spitzahorn	
Acer	**pseudoplátanus**	1	Bergahorn	
Acer	**rúbrum**	1	Rotahorn	
Acer	**rufínerve**	1	Ahorn	
Acer	**saccharínum**	1	Silberahorn	
Acer	**sáccharum**	1	Zuckerahorn	
Actinída	**argúta**	1	Strahlengriffel	Actinidiáceae
Actinída	**chinénsis**	1	Strahlengriffel	
Aesculus	**fláva**	1	gelbbl. Roßkastanie	Hippocastanáceae
Aesculus	x **cárnea**		Roßkastanie	
Aesculus	**hippocástanum**	1	Gemeine Roßkastanie	
Aesculus	**parviflóra**	1	Sommerkastanie	
Aesculus	**pávia**	1	Roßkastanie	
Ailánthus	**altíssima**	1	Götterbaum	Simaroubáceae
Akébia	**quináta** ⸾	1	Akebie	Lardizabaláceae
Alnus	**glutinósa**	1,1a	Schwarzerle (Eller)	Betuláceae
Alnus	**incána**	1	Weißerle	
Amelánchier	**canadénsis**	1	Felsenbirne	Rosáceae
Amelánchier	**lamárckii**	1	Felsenbirne	
Amórpha	**fruticósa**	1,3	Bastardindigo	Fabáceae
Ampelópsis	**aconitifólia** ⸾	1	Scheinrebe	Vitáceae
Andrómeda	**polifólia**	1	Lavendelheide	Ericaceae
Arália	**mandshúrica**	1	Aralie	Araliáceae
Arbutus	**unédo** ^	1a,2	Erdbeerbaum	Ericáceae
Arctostáphylos	**úva-úrsi**	1,1a	Bärentraube	Ericáceae
Aristolóchia	**macrophýlla**	1	Pfeifenwinde	Aristolochiáceae
Arundinária	**pygmǽa**		siehe bei **Pleioblástus pygmǽus**	

Arundinária	**simónii**		siehe bei **Pleioblástus simónii**	
Aucúba	**japónica**	1	Aukube	Cornáceae
Bérberis	**buxifólia**	3	Sauerdorn, Berberitze	Berberidáceae
Bérberis	**canadénsis**	1	Sauerdorn, Berberitze	
Bérberis	**candídula**	1	Sauerdorn, Berberitze	
Bérberis	**gagnepainii** var. **lanceifólia**	1	Sauerdorn, Berberitze	
Bérberis	**hóokeri**	1	Sauerdorn, Berberitze	
Bérberis	x **hýbrido-gagnepáinii**		Sauerdorn, Berberitze	
Bérberis	**juliánae**	1	Sauerdorn, Berberitze	
Bérberis	x **ottawénsis**		Sauerdorn, Berberitze	
Bérberis	x **stenophýlla**		Sauerdorn, Berberitze	
Bérberis	**thunbérgii**	1	Sauerdorn, Berberitze	
Bérberis	**verruculósa**	1	Sauerdorn, Berberitze	
Bérberis	**vulgáris**	1	Gemeiner Sauerdorn	
Bétula	**maximowicz-iána**	1	Birke	Betuláceae
Bétula	**nána**	1	Zwergbirke	
Bétula	**nígra**	1	Schwarzbirke	
Bétula	**papyrífera**	1	Papierbirke	
Bétula	**péndula**	1,1a	Sandbirke, Weißbirke	
Bétula	**pubéscens**	1	Moor-, Besenbirke	
Bignónia	**capreoláta** ^	1	Kreuzrebe	Bignoniáceae
Bilderdýkia	**aubértii**		siehe bei **Fallópia**-Arten	
Bilderdýkia	**baldschuánica**			
Broussonétia	**papyrifera**	1,2	Papier-Maulbeerbaum	Moráceae
Bruckenthália	**spiculifólia**		Ährenheide	Ericáceae
Buddléja	**alternifólia**	1	Schmetterlingsstr., Buddleia	Buddlejáceae

Buddléja	**-Nanhoénsis-Hybriden**	1	Schmetterlingsstr., Buddleia	Buddlejáceae
Búxus	**sempérvirens**	1	Buchsbaum	Buxáceae
Callicárpa	**americána**	1,2	Schönfrucht	Callicarpáceae
Callicárpa	**bodiniéri** var. **giráldii**	1	Schönfrucht	
Callúna	**vulgáris**	1,1a	Besenheide	Ericáceae
Calycánthus	**flóridus**	1	Gewürzstrauch	Calycantháceae
Cámpsis	**radícans** ≀	1	Trompetenblume	Bignoniáceae
Caragána	**arboréscens**	1	Erbsenstrauch	Fabáceae
Cárpinus	**bétulus**	1	Hainbuche Weißbuche,	Betuláceae
Cárya	**cordifórmis**	1,3	Bitternuß	Juglandáceae
Cárya	**ováta**	1,3	Hickorynuß	
Cárya	**tomentósa**	1	Spottnuß	
Carýopteris	x **clandonénsis**		Bartblume	Verbenáceae
Castánea	**satíva**	1,1a	Eßkastanie, Marone	Fagáceae
Catálpa	**bignonioídes**	1	Trompetenbaum	Bignoniáceae
Ceanóthus	**americánus**	1	Säckelblume	Rhamnáceae
Ceanóthus	**-Hybriden**			
Celástrus	**orbiculátus** ≀	1	Baumwürger	Celastráceae
Céltis	**occidentális**	1	Zürgelbaum	Ulmáceae
Cercidi-phýllum	**japónicum**	1	Katsurabaum	Cercidiphyl-láceae
Cércis	**siliquástrum**	1a	Judasbaum	Caesalpiniáceae
Choenoméles	**-Hybriden**		Zierquitte	Rosáceae
Choenoméles	**japónica**	1	Zierquitte	
Choenoméles	**speciósa**	1	Zierquitte	
Chioánthus	**virgínicus**	1	Schneeflocken-strauch	Oleáceae
Cistus	**laurifólius** ^	1a	Zistrose	Cistáceae
Cladrástis	**kentúkea**	1	Gelbholz	Fabáceae
Clématis	**alpína** ≀	1	Alpen-Waldrebe	Ranunculáceae
Clématis	**integrifólia**		Waldrebe	
Clématis	**-Hybriden** ≀	1	hierher alle großbl. Sorten	
Clématis	**montána** ≀	1	Waldrebe	
Clématis	**vitálba** ≀	1	Echte Waldrebe	
Clerodéndrum	**trichótomum**	1	Clerodendrum	Verbanáceae
Cléthra	**alnifólia**	1	Scheineller	Clethráceae
Colútea	**arboréscens**	1,1a	Blasenstrauch	Fabáceae
Coriária	**terminális**	1	Gerberstrauch	Coriariáceae
Córnus	**álba** 'Sibírica'	1	Hartriegel	Cornáceae
Córnus	**canadénsis**	1	Hartriegel	

Córnus	**flórida**	1,3	Blumenhartriegel	Cornáceae
Córnus	**koúsa**	1	Hartriegel	
Córnus	**más**	1	Kornelkirsche	
Córnus	**sanguínea**	1	Hartriegel	
Córnus	**serícea**	1,1a	Hartriegel	
Corylópsis	**pauciflóra** ^	1	Scheinhasel	Hamamelidáceae
Corylópsis	**spicáta** ^	1	Scheinhasel	
Córylus	**avellána**	1	Haselnuß	Betuláceae
Córylus	**colúrna**	1	Baumhasel	
Córylus	**máxima**	1a	Lambertsnuß	
Córylus	**máxima** 'Purpúrea'		„Bluthasel"	
Cótinus	**coggýgria**	1,1a	Perückenstrauch	Anacardiáceae
Cotoneáster	**adpressus**	1	Zwergmispel	Rosáceae
Cotoneáster	**bullátus**	1	Zwergmispel	
Cotoneáster	**congéstus**	1	Zwergmispel	
Cotoneáster	**dámmeri**	1	Zwergmispel	
Cotoneáster	**dielsiánus**	1	Zwergmispel	
Cotoneáster	**divaricátus**	1	Zwergmispel	
Cotoneáster	**horizontalis**	1	Zwergmispel	
Cotoneáster	**microphýllus**	1	Zwergmispel	
Cotoneáster	**multiflórus**	1	Zwergmispel	
Cotoneáster	**praecox**	1	Zwergmispel	
Cotoneáster	**salicifólius**	1	Zwergmispel	
Cotoneáster	**-Wateréri- -Hybriden**		Zwergmispel	
Cratáegus	**intricáta**	1	Scharlachdorn	Rosáceae
Cratáegus	x **lavállei**		Weißdorn (langdornig)	
Cratáegus	**crús-gálli**	1	Hahnendorn	
Cratáegus	**monógyna**	1,1a	Gemeiner Weißdorn eingriffelig	
Cratáegus	**laevigáta**	1,1a	Weißdorn zweigriffelig	
Cratáegus	**laevigáta** 'Paulii'		„Rotdorn"	
Cratáegus	**pedicelláta**	1	Scharlachdorn	
Cratáegus	**persímilis**		Weißdorn	
Cýtisus	x **kewénsis**		Geißklee	Fabáceae
Cytisus	x **práecox**		Geißklee	
Cýtisus	**purpúreus**	1a	Geißklee	
Cýtisus	**scopárius**	1	Besengeister	
Daboécia	**cantábrica**	1,1a	Irische Heide	Ericáceae
Dánaë	**rasemósa** ^	1a	Alexandr. Lorbeer	Liliáceae

Dáphne	**mezeréum**	1	Seidelbast	Thymelaeáceae
Decaísnea	**fargésii**	1	Decaisnea	Lardizabaláceae
Deútzia	**grácilis**	1	Deutzie	Saxifragáceae
Deútzia	**-Hybriden**		Deutzie	
Deútzia	x **lemoínei**		Deutzie	
Deútzia	**scábra**	1	Deuztzie	
Elaeágus	**angustifólia**	1	Ölweide	Elaeagnáceae
Elaeágnus	**commutáta**	1	Ölweide	
Elaeágnus	x **ebbíngei**		Ölweide	
Elaeágnus	**multiflóra**	1	Ölweide	
Elaeágnus	**púngens**	1	Ölweide	
Eleuthero-cóccus	**sieboldiánus**	1	Stachelpanax	Araliáceae
Émpetrum	**nígrum**	1	Krähenbeere	Empetráceae
Enkiánthus	**campanulátus**	1	Enkianthus	Ericáceae
Eríca	**arbórea**	1a	Erika, Baumheide	Ericáceae
Eríca	**cárnea**	1a	Erika, Schneeheide	
Eríca	**cinérea**	1	Erika, Grauheide	
Eríca	**tetrálíx**	1	Erika, Moorheide	
Eríca	**vágans**	1	Erika	
Euónymus	**aláta**	1	Spindelstrauch	Celastráceae
Euónymus	**eruopáea**	1	Pfaffenhütchen	
Euónymus	**fortúnei**	1	Spindelstrauch	
Euónymus	**latifólia**	1a	Pfaffenhütchen	
Euónymus	**plánipes**	1	Spindelstrauch	
Euónymus	**verrucósa**	1,1a	Pfaffenhütchen	
Exochórda	**giráldii**	1	Exochorda	Rosáceae
Exochórda	x **macrántha**		Exochorda	
Fágus	**sylvática**	1	Rotbuche	Fagáceae

'Atropunícea', „Blutbuche"
'Laciniáta', schlitzblättrige Buche
'Péndula', Hängebuche
'Purpúreo-péndula', dunkelrote Hängebuche

Fallópia	**aubérti** ⌇	1	Knöterich	Polygonáceae
Fallópia	**baldschuánica** ⌇	1	Knöterich	
Fícus	**cárica** ^	1a	Gem. Feigenbaum	Moráceae
Fontanésia	**fortúnei**	1	Fontanesie	Oleáceae
Forsýthia	x **intermédia**		Goldglöckchen	Oleáceae
Forsythia	**suspénsa**	1	Goldglöckchen	
Fothergílla	**májor**	1	Federbuschstrauch	Hamamelidáceae
Fothergílla	**gardénii**	1	Federbuschstrauch	
Fráxinus	**excélsior**	1	Einheimische Esche	Oleáceae
Fráxinus	**órnus**	1a	Blumenesche	

Fráxinus	**pennsylvánica**	1	Rotesche	Oleáceae
Fúchsia	**magellánica**	1	Scharlachfuchsie	Onagráceae
Gaulthéria	**procúmbens**	1	Gaultherie	Ericáceae
Gaulthéria	**shállon**	1	Gaultherie	
Genísta	**germánica**	1	Deutscher Ginster	Fabáceae
Genísta	**hispánica**	1a	Spanischer Ginster	
Genísta	**lýdia**	1	Ginster	
Genísta	**sagittális**	1a	Pfeilginster	
Genísta	**tinctória**	1,1a	Färberginster	
Gledítsia	**triacánthos**	1	Gleditschie (fälschlich Christusdorn)	Caesalpiniáceae
Gledítsia	**japónica**	1	Gleditschie	
Globulária	**cordifólia**	1	Kugelblume	Globulariáceae
Gymnócladus	**dioícus**	1	Geweihbaum	Caesalpiniáceae
Halésia	**carolína**	1	Schneeglöckchenbaum	Styracáceae
Halimodéndron	**halodéndron**	1	Salzstrauch	Fabáceae
Hamamélis	**japónica**	1	Zaubernuß	Hamamelidáceae
Hamamélis	**móllis**	1	Zaubernuß	
Hamamélis	**virginiána**	1	Zaubernuß	
Hébe	**armstróngii**	2	Strauchveronika	Scrophulariáceae
Hédera	**cólchica** ⌇	1	Kaukasus-Efeu	Araliáceae
Hédera	**hélix** ⌇	1,1a	Heimischer Efeu	
Hedýsarum	**multíjugum**	1	Süßklee	Fabáceae
Hibíscus	**syríacus**	1	Eibisch, Roseneibisch	Malváceae
Hippóphaë	**rhamnoídes**	1	Sanddorn	Elaeagnáceae
Holodíscus	**díscolor**	1	Holodiscus	Rosáceae
Hydrangéa	**anómala** subsp. **petioláris**	1	Kletterhortensie	Saxifragáceae
Hydrangéa	**áspera**	1	Hortensie	
Hydrangéa	**paniculáta**	1	Hortensie	
Hydrangéa	**quercifólia**	1	Hortensie	
Hypéricum	**androsáemum** ^	1	Johanniskraut	Hypericáceae
Hypéricum	**calýcinum**	1	Johanniskraut	
Hypéricum	x **moseriánum**	1	Johanniskraut	
Hypéricum	**pátulum**	1	Johanniskraut	
Ilex	x **altaclarénsis**		Stechpalme	Aquifoliáceae
Ilex	**aquifólium**	1,1a	Stechpalme, Hülse	
Ilex	**crenáta**	1	Stechpalme	
Ilex	**verticilláta**	1	Stechpalme	
Jasmínum	**nudiflórum** ⌇	1	Winterjasmin	Oleáceae
Júglans	**cinérea**	1	Walnußbaum	Juglandáceae
Júglans	**nígra**	1	Walnußbaum	

Júglans	**régia**	1	Walnußbaum	Juglandáceae
Kálmia	**angustifólia**	1	Lorbeerrose	Ericáceae
Kálmia	**latifólia**	1	Berglorbeer	
Kérria	**japónica**	1	Kerrie	Rosáceae
Koelreutéria	**paniculáta**	1	Blasenbaum	Sapindáceae
Kolkwítzia	**amábilis**	1	Kolkwitzie	Caprifoliáceae
+ Laburno-	**adámii**		Laburnocytisus	Fabáceae
cýtisus				
Labúrnum	**anagyroídes**	1,1a	Goldregen	Fabáceae
Labúrnum	x **wateréri**		Goldregen	
Lavándula	**angustifólia**	1a	Echter Lavendel	Lamiáceae
Lédum	**groenlándicum**	1	Porst	Ericáceae
Lédum	**palústre**	1	Sumpfporst	
Leiophýllum	**buxifólium**	1	Sandmyrte	Ericáceae
Lespedéza	**bícolor**	1	Buschklee	Fabáceae
Lespedéza	**thunbérgii**	1	Buschklee	
Leucóthoë	**wálteri**	1	Traubenheide	Ericáceae
Ligústrum	**obtusifólium**	1	Liguster, Rainweide	Oleáceae
Ligústrum	**ovalifólium**	1	Liguster, Rainweide	
Ligústrum	**vulgáre**	1,1a	Liguster, Rainweide	
Liquidámbar	**styracíflua**	1,3	Amberbaum	Hamamelidáceae
Liriodéndron	**tulipífera**	1	Tulpenbaum	Magnoliáceae
Lithodóra	**diffúsa** ^	1	Steinsame	Boragináceae
Lonicéra	**caprifólium** ≀	1,1a	Jelängerjelieber	Caprifoliáceae
Lonicéra	x **heckróttii** ≀		Heckenkirsche	
Lonicéra	**nítida**	1	Geißblatt	
Lonicéra	**periclý-**	1	Waldgeißblatt	
	menum ≀			
Lonicéra	**pileáta**	1	Geißblatt	
Lonicéra	**tatárica**	1	Geißblatt	
Lonicéra	x **tellman-**		Geißblatt	
	niána ≀			
Lonicéra	**tangútica**	1	Geißblatt	
Lonicéra	**xylósteum**	1	Geißblatt	
Lýcium	**chinénse**	1	Bocksdorn	Solanáceae
Lýcium	**bárbarum**	1	Bocksdorn,	
			Teufelszwirn	
Magnólia	**acumináta**	1	Magnolie	Magnoliáceae
Magnólia	**denudáta**	1	Magnolie	
Magnólia	**kóbus**	1	Magnolie	
Magnólia	**stelláta**	1	Sternmagnolie	
Magnólia	x **soulangiána**		Magnolie	
Magnólia	**tripétala**	1	Schirm-Magnolie	
x **Mahobér-**	**neubértii**		Mahoberberis	Berberidáceae
beris				

Mahónia	**aquifólium**	1	Gemeine Mahonie	Berberidáceae
Mahónia	**béalei**	1	Mahonie	
Mahónia	x **média** 'Charity'			
Málus	**baccáta**	1	„Kirschapfel"	Rosáceae
Málus	**coronária**	1	Apfelbaum	
Málus	**floribúnda**	1	Apfelbaum	
Málus	**-Hybriden**		Apfelbaum	
Málus	**toríngo** var. **sargéntii**		Apfelbaum	
Menispérmum	**canadénse** ⸾	1	Mondsame	Menispermáceae
Méspilus	**germánica**	1a	Mispel	Rosáceae
Mórus	**álba**	1a	Maulbeerbaum	Moráceae
Mórus	**nígra**	1a	Maulbeerbaum	
Myríca	**gále**	1	Gagelstrauch	Myricáceae
Myrica	**pensylvánica**	1	Gagelstrauch	
Nothofágus	**antárctica**	6	Scheinbuche	Fagáceae
Olea	**europáea** ^	1a,2	Ölbaum, Olivenbaum	Oleáceae
Osmánthus	**frágrans**	1	Duftblüte	Oleáceae
Osmánthus	**heterophýllus**	1a	Duftblüte	
Ostrya	**carpinifólia**	1a	Hopfenbuche	Betuláceae
Pachysándra	**terminális**	1	Pachysandra	Buxáceae
Paeónia	**suffruticósa**	1	Strauchpaeonie	Paeoniáceae
Parrótia	**pérsica**	1	Parrotie	Hamamelidáceae
Parthenocíssus	**quinquefólia** ⸾	1,3	Wilder Wein	Vitáceae
Parthenocíssus	**quinquefólia** f. **engelmánnii**		Selbstklimmender wilder Wein	
Parthenocíssus	**triscuspidáta** ⸾	1	Selbstklimmende Jungfernrebe	
Paulówina	**tomentósa**	1	Paulownie	Scrophulariáceae
Períploca	**gráeca** ⸾	1a	Periploca	Asclepiadáceae
Phellodéndron	**amurénse**	1	Korkbaum	Rutáceae
Philadélphus	**-Coronárius -Hybriden**		Falscher Jasmin, Pfeifenstrauch	Saxifragáceae
Philadélphus	**inodórus** var. **grandiflórus**	1	Falscher Jasmin	
Philadélphus	**-Lemoínei Hybriden**			
Philadélphus	**lewísii**	1	Falscher Jasmin	
Philadélphus	**pubéscens**	1	Falscher Jasmin	
Philadélphus	**-Virginális -Hybriden**			
Photínia	**villósa**	1	Glanzmispel	Rosáceae

Phyllódoce	**caerúlea** ^	1	Blauheide	Ericáceae
Physocárpus	**opulifólius**	1	Blasenspiere	Rosáceae
Píeris	**floribúnda**	1	Pieris	Ericáceae
Píeris	**japónica**	1	Pieris	
Plátanus	x **hispánica**		Platane	Platanáceae
Plátanus	**occidentális**	1,3	Platane	
Plátanus	**orientális**	1	Platane	
Pleioblástus	**pygmǽus**	1	Arundinarie	Poáceae
Pleioblástus	**simónii**	1	Arundinarie	
Polýgonum	**aubértii**		siehe bei **Fallópia**	
Polýgonum	**baldschuánicum**		Fallópia	
Poncírus	**trifoliáta** ^	1	Bitterorange	Rutáceae
Pópulus	**álba**	1,1a	Silberpappel	Salicáceae
Pópulus	**balsamífera**	1	Balsampappel	
Pópulus	x **berolinénsis**		Berl. Lorbeerpappel	
Pópulus	**-Canadénsis -Hybriden**		Euro-amerik. Bastarde	
Pópulus	x **canéscens**	1	Graupappel	
Pópulus	**deltoídes**	1	Pappel	
Pópulus	**gileadénsis**		Balm-of-Gilead	
Pópulus	**nigra**	1,1a	Schwarzpappel	
	'Italica'		Pyramidenpappel	
Pópulus	**simónii**	1	Pappel	
Pópulus	**suavéolens**		Wohlr. Pappel	
Pópulus	**trémula**	1,1a	Zitterpappel, Espe	
Potentílla	**fruticósa**	1	Fingerkraut	Rosáceae
Prúnus	**ávium**	1	Vogel-, Süßkirsche	Rosáceae
Prúnus	**cerasífera**	1	Kirschpflaume	
	mit einigen Blutvarietäten			
Prúnus	**cérasus**	1a	Sauerkirsche	
Prúnus	**glandulósa**	1	Zierkirsche	
Prúnus	**incísa**	1	Zierkirsche	
Prúnus	**laurocérasus**	1	Lobeerkirsche	
Prúnus	**múme**	1	Jap. Aprikose	
Prúnus	**pádus**	1	Traubenkirsche	
Prúnus	**pérsica**		Pfirsichbaum	
Prúnus	**sargéntii**	1	Sachalinkirsche	
Prúnus	**serótina**	1,3	Traubenkirsche	
Prúnus	**serruláta**	1	Japanische Kirsche	
Prúnus	**spinósa**	1,1a	Schlehe	
Prúnus	**subhirtélla**	1	Kirsche	
Prúnus	**tríloba**	1	Mandelbäumchen	
Pseudosása	**japónica**	1	Pseudosasa	Poáceae

Ptélea	**trifoliáta**	1,3	Lederstrauch	Rutáceae
Pterocárya	**fraxinifólia**	1	Flügelnuß	Juglandáceae
Pyracántha	**coccínea**	1	Feuerdorn	Rosáceae
Pyracántha	**-Hybriden**			
Quércus	**cérris** ^	1a	Zerreiche	Fagáceae
Quércus	**dentáta**	1	Japan. Kaisereiche	
Quércus	**frainétto**	1	Balkaneiche	
Quércus	**palústris**	1	Sumpfeiche	
Quércus	**petráea**	1	Traubeneiche	
Quércus	**pubéscens**	1	Flaumeiche	
Quércus	**róbur**	1	Stieleiche	
Quércus	**rúbra**	1	Roteiche	
Quércus	**súber** ^	1a	Korkeiche	
Quércus	**túrneri** 'Pseudotúr-neri'		Eiche, halbimmergrün	
Quércus	**velútina**	1	Färbereiche	
Rhámnus	**cathárticus**	1,1a	Gemeiner Kreuzdorn	Rhamnáceae
Rhámnus	**frángula**	1,1a	Gemeiner Faulbaum	
Rhododéndron	**catawbiénse**	1	Alpenrose	Ericáceae
Rhododéndron	**daúricum**	1	Alpenrose	
Rhododéndron	**ferrugíneum**	1	Echte Alpenrose	
Rhododéndron	**hirsútum**	1	Almenrausch	
Rhododéndron	**impedítum**	1	Alpenrose	
Rhododéndron	**japónicum**	1	„Azálea móllis"	
Rhododéndron	**lúteum**	1	„Azálea póntica"	
Rhododéndron	**mínus**	1	Alpenrose	
Rhododéndron	**obtúsum**		Alpenrose	
Rhododéndron	x **práecox**		Alpenrose	
Rhododéndron	**-Aréndsii -Hybriden**			
Rhododéndron	**-Aronénse -Hybriden**			
Rhododéndron	**-Díscolor -Hybriden**			
Rhododéndron	**-Fortúnei -Hybriden**			
Rhododéndron	**-Griffithiánum -Hybriden**			
Rhododéndron	**-Káempferi -Hybriden**			
Rhododéndron	**-Kurúme -Hybriden**			

Rhododéndron	**-Máximum -Hybriden**			Ericáceae
Rhododéndron	**-Pónticum -Hybriden**			
Rhododéndron	**-Repens -Hybriden**			
Rhododéndron	**-Williamsiánum -Hybriden**			
Rhodótypos	**scándens**	1	Scheinkerrie	Rosáceae
Rhús	**glábra**	1	Scharlach-Sumach	Anacardiáceae
Rhús	**týphina**	1	Essigbaum, Hirschkolben-sumach	
Ríbes	**alpínum**	1,1a	Alpenjohannisbeere	Saxifragáceae
Ríbes	**áureum**	1	Goldjohannisbeere	
Ríbes	x **gordoniánum**		Zierjohannisbeere	
Ríbes	**sanguíneum**	1	Blutjohannisbeere	
Robínia	**híspida**	1	Robinie	Fabáceae
Robínia	**pseudacácia**	1	Robinie, „Akazie“	
Robínia	**viscósa**	1	Robinie	
Rósa	**canina**	1,1a	Hundsrose	Rosáceae
Rósa	**centifólia**		Zentifolie	
Rósa	**chinénsis**	1	Chin. Bengalrose	
Rósa	x **damascéna**		Damaszenerrose	
Rósa			Edelrosen-Gruppe z. B. Teehybriden u. Remontant-rosen	
Rósa			Floribunda-Gruppe	
Rósa			Floribunda-Grandiflóra-Gruppe	
Rósa			Polyántha-Gruppe	
Rósa			Polyántha-Hybriden-Gruppe	
Rósa	**gállica**	1,1a	Essigrose	
Rósa	**hugónis**	1	Rose	
Rósa	**majális**	1	Zimtrose	
Rósa	**moscháta**	1,2	Moschusrose	
Rósa	**multiflóra** ⸾	1	Kletterrose	
Rósa	**nítida**	1	Glanzrose	
Rósa	**Noisettiána -Hybriden**		Noisette-Rose	
Rósa	**odoráta**	1	Teerose	

Rósa	**omeiénsis** f. **pteracántha**		stark bewehrte Rose	Rosáceae
Rósa	**pimpinellifólia**	1	Bibernellrose	
Rósa	**rubiginósa**	1	Weinrose Schottische Zaunrose	
Rósa	**rugósa**	1	Kartoffelrose	
Rósa	**wichuraiána** ⌇	1	Kletterrose	
Rúbus	**odorátus**	1	Himbeerartiger Rubus	Rosáceae
Rúbus	**inérmis**	1,1a	Brombeerartiger Rubus	Rosáceae
Rúscus	**aculeátus** ^	1a	Mäusedorn	Liliáceae
Rúscus	**hypophýllum** ^	1a	Mäusedorn	
Sálix	**acutifólia**	1	Weide	Salicáceae
Sálix	**álba**		Silberweide	
	'Tristis'		Hängeweide	
	'Vitellína'		Dotterweide	
Sálix	**auríta**		Ohrweide	
Sálix	**babylónica** ^	1	Chines. Weide	
Sálix	**cáprea**	1	Salweide	
Sálix	**daphnoídes**	1	Reifweide	
Sálix	**matsudána**	1	Weide	
	'Tortuósa'	1	„Korkenzieher-weide"	
Sálix	**purpúrea**		Purpurweide	
Sálix	**répens**		Kriechweide	
Sálix	**sachalinénsis**	1	Weide	
	'Sekka'	1	Drachenweide	
Sálix	x **smithiána**		„Küblerweide"	
Sálix	**viminális**		Korbweide	
Sambúcus	**nígra**	1	Holunder, „Flieder"	Caprifoliáceae
Sambúcus	**racemósa**	1,1a	Traubenholunder	
Sása	**pygmǽa**	1	siehe bei **Pleioblástus**	
Sása	**véitchii**		Sasa	Poáceae
Sinarudinária	**muríelae**	1	siehe bei **Thamnocálamus**	
Sinarundinária	**nítida**		Sinarundinarie	Poáceae
Skímmia	**japónica**		Skimmie	Rutáceae
Sophóra	**japónica**	1	Schnurbaum	Fabáceae
Sorbária	**aitchisónii**	1	Fiederspiere	Rosáceae
Sorbária	**sorbifólia**	1	Federspiere	
Sórbus	**americána**	1	Eberesche	Rosáceae
Sórbus	**ária**	1	Mehlbeere	

Sórbus	**aucupária**	1a 1	Vogelbeerbaum, Eberesche	Rosáceae
Sórbus	x **hybrida**		Bastard-Eberesche	
Sórbus	**intermédia**	1	Oxelbeere	
Sórbus	x **thuringíaca**		Bastard-Eberesche	
Sórbus	**torminális**	1,1a	Elsbeere	
Sórbus	**vilmorínii**	1	Eberesche Fr. weiß bis rosa	
Spiraéa	x **argúta**		Spierstrauch	Rosáceae
Spiraéa	**douglásii**	1	Spierstrauch	
Spiraéa	**-Bumalda-Hybriden**		Spierstrauch	
Spiraéa	**menziésii**	1	Spierstrauch	
Spiraéa	**nippónica**	1	Spierstrauch	
Spiraéa	**thunbérgii**	1	Spierstrauch	
Spiraea	x **vanhoúttei**		Spierstrauch	
Staphyléa	**cólchica**	1	Pimpernuß	Staphyleáceae
Staphyléa	x **élegans**		Pimpernuß	
Staphyléa	**pinnáta**		Pimpernuß	
Stephanándra	**incísa**	1	Kranzspiere	Rosáceae
Stephanándra	**tanákae**	1	Kranzspiere	
Stranvaésia	**davidiána**	1	Stranvaesie	Rosáceae
Stýrax	**japónica**	1	Storaxbaum	Styracáceae
Symphoricárpos	**albus**	1	Schneebeere	Caprifoliáceae
Symphoricárpos	x **chenaúltii**		Schneebeere	
Symphoricárpos	**orbiculátus**	1,3	Korallenbeere	
Syrínga	x **chinénsis**		Flieder	Oleáceae
Syrínga	**emódi**	1	Himalaja-Flieder	
Syrínga	**-Hyacinthiflóra-Hybriden**		Flieder	
Syrínga	**josikaéa**	1	Ungarischer Flieder	
Syrínga	x **pérsica**		Persischer Flieder	
Syrínga	**refléxa**	1	Bogenflieder	
Syrínga	x **swegifléxa**		Flieder	
Syrínga	**-Vulgáris-Hybriden**		Flieder	
Támarix	**chinénsis**	1,1a	Tamariske	Tamaricáceae
Támarix	**parviflóra**	1a	Tamariske	
Teúcrium	**chamaédrys**	1,1a	Edelgamander	Lamiáceae
Thamnocálamus	**spatháceus**	1	Sinarundinaría	Poáceae
Tília	**americána**	1	Linde	Tiliáceae
Tília	**cordáta**	1	Winterlinde	

Tília	x **euchlóra**		Krimlinde	Tiliáceae
Tília	x **vulgaris**		Holländische Linde	
Tília	**platyphýllos**	1,1a	Sommerlinde	
Tília	**tomentósa**	1	Ungar. Silberlinde	
Úlex	**europáeus**	1,1a	Stechginster	Fabáceae
Úlmus	**americána**	1	Weißulme	Ulmáceae
Úlmus	**mínor**		Feldulme	
Úlmus	**glábra**		Bergulme	
Úlmus	x **holländica**		Ulme	
Úlmus	**láevis**	1,1a	Flatterulme	
Úlmus	**procéra**	1,1a	Englische Ulme	
Vibúrnum	x **burkwóodii**		Schneeball	Caprifoliáceae
Vibúrnum	**carlésii**	1	Schneeball	
Vibúrnum	**davidii** ^	1	Zwergschneeball	
Vibúrnum	**fárreri**	1	Duft-Schneeball	
Vibúrnum	**lantána**	1,1a	Wolliger Schneeball, Schlinge	
Vibúrnum	**ópulus**	1	Schneeball	
Vibúrnum	**plicátum**	1	Schneeball	
Vibúrnum	**rhytidophýllum**	1	Schneeball	Caprifoliáceae
Vínca	**major** ^	1,1a	Immergrün	Apocynáceae
Vínca	**mínor**	1,1a	Immergrün, Singrün	
Víscum	**álbum**	1,1a	Mistel	Lorantháceae
Vítis	**coignétiae** ⸾	1	Rebe	Vitáceae
Vítis	**ripária** ⸾	1	Uferrebe	
Vítis	**vinífera** ⸾	1,1a	Echte Weinrebe	
Wéigela	**-Hybriden**		Weigelie	Caprifoliáceae
Wistéria	**sinénsis** ⸾	1	Glyzinie, Wistarie	Fabáceae
Zelkóva	**carpinifólia**	1	Zelkova	Ulmáceae
Zelkóva	**serráta**	1	Zelkova	

Anmerkung: Laubgehölze sind entweder Bäume oder Sträucher, wobei allerdings zu beachten ist, daß zu letzteren auch die sogenannten Halbsträucher bedingt gehören. Halbsträucher (z. B. die Rosen) verholzen im Gegensatz zu Sträuchern nicht durchgehend, können folglich im Winter zurückfrieren und ergeben in manchen Fällen Übergänge zu den Stauden. Zwergsträucher hingegen (Beispiele: *Eríca cárnea* und *Vaccínium myrtillus,* Heidelbeere) sind „ganz normale" Sträucher, wie auch eine Untersuchung des Verholzungszustandes immer beweisen wird.

Nadelgehölze

insbesondere Koniferen
(einschl. Ginkgo)
Bedeutung der Zahlen hinter den Artnamen siehe S. 159
Zeichenerklärung: ^ Winterschutz erforderlich

Abies	**álba**	1,1a	Weißtanne	Pináceae
Abies	**balsámea**	1	Balsamtanne	
Abies	**cephalónica**	1a	Griechische Tanne	
Abies	**cóncolor**	1	Coloradotanne	
Abies	**homólepis**	1	Nikkotanne	
Abies	**koreána**	1	Koreatanne	
Abies	**lasiocárpa**	1	Korktanne	
Abies	**nordmanniána**	1a	Nordmannstanne	
Abies	**pínsapo**	1a	Spanische Tanne	
Abies	**procéra** 'Glàúca'	1	„Silbertanne"	
Abies	**veitchii**	1	Veitch-Tanne	
Araucária	**araucána** ^	3,6	Chilen. Araukarie	Araucariáceae
Calócedrus	**decúrrens**	1	Flußzeder	Cupressáceae
Cédrus	**atlántica** 'Glàúca'	1a	Atlaszeder	Pináceae
Cédrus	**deódára**	1	Himalajazeder	
Cédrus	**líbani** ^	1a	Echte od. Libanonzeder	
Cephalotáxus	**fortúnei**	1	Kopfeibe	Cephalotaxáceae
Cephalotáxus	**harringtónia**	1	Kopfeibe	
Chamaecýparis	**lawsoniána** mit vielen Säulen-, Hänge- und Zwergformen	1	Scheinzypresse	Cupressáceae
Chamaecýparis	**nootkaténsis** 'Péndula'	1	Nutka-Scheinzypresse	
Chamaecýparis	**obtúsa**	1	Sonnenzypresse	
Chamaecýparis	**pisífera**	1	Sawarazypresse	
	'Squarrósa'		Jugendform	
	'Plumósa'		Übergangsform	
	'Filífera'			
Chamaecýparis	**thyoídes**	1	Zederzypresse	
Cryptoméria	**japónica**	1	Sicheltanne	Taxodiáceae
Cunninghámia	**lanceoláta**	1	Spießtanne	Taxodiaceae
x **Cupressocýparis**	**leylándii**		Bastardzypresse	Cupressáceae

Cupréssus	**sempérvirens** ^	1a	Echte Zypresse	Cupressáceae
	'Stricta'		„Böcklin-Zeder"	
	'Horizontális'			
Gínkgo	**bíloba**	1	Ginkgo	Ginkgoáceae
Juníperus	**chinénsis**	1	Chines. Wacholder	Cupressáceae
	'Hétzii'			
	'Pfitzeriána'			
Juníperus	**commúnis**	1	Gemeiner Wacholder	
	'Stricta'		Irisch. Säulenwach.	
Juníperus	**conférta**	1	Wacholder	
Juníperus	**sabína**	1,1a	Sadebaum	
	'Tamarisci-fólia'		Tamariskenbl. Sadebaum	
Juníperus	**squamáta**	1	Wacholder	
	'Méyeri'		Weißblauer Wach.	
Juníperus	**virginiána**	1	Virgin. Wacholder	
Lárix	**decídua**	1	Gemeine Lärche	Pináceae
Lárix	x **eurolépis**		Bastard-Lärche	
Lárix	**kaémpferi**	1	Japanische Lärche	
Metasequóia	**glyptostro-boídes**	1	„Ur-Mammut-baum"	Taxodiáceae
Microbióta	**decussáta**	1	Microbiata	Cupressáceae
Pícea	**ábies**	1	Gemeine Fichte, fälschl. „Rot-tanne"	Pináceae
Pícea	**breweriána**	1	Kalif. Fichte, Mähnenf.	
Pícea	**engelmánnii**	1	Fichte	
Pícea	**glaúca**	1	Schimmelfichte	
	'Conica'		Zuckerhutfichte	
Pícea	**omórika**	1	Ormorikafichte	
Pícea	**orientális**	1	Kaukasusfichte	
Pícea	**púngens**	1	Stechfichte	
	'Glaúca'		Blaufichte	
	'Glaúca Koster'		Kosters Blaufichte	
Pícea	**purpúrea**	1	Purpurfichte	
Pícea	**sitchénsis**	1	Sitkafichte	
Pínus	**cémbra**	1	Zirbelkiefer, Arve	Pináceae
Pínus	**contórta**	1	Gedrehte Kiefer	
Pínus	**leucodérmis**	1a	Schlangenhautkiefer	
Pínus	**múgo**	1	Krummholzkiefer	
	subsp. **múgo**		Bergkiefer	
	subsp. **pumílio**			

Pínus	**nígra**	1a	Schwarzkiefer	Pináceae
Pínus	**parviflóra**	1	Japan. Weißkiefer	
Pínus	**peūce**	1a	Rumelische Kiefer	
Pínus	**púmíla**	1	Kriechkiefer	
Pínus	**pínea** ^	1a,2	Pinie, Nußkiefer	
Pínus	**ponderósa**	1	Gelbkiefer	Pináceae
Pínus	**rígida**	1	Pechkiefer	
Pínus	x **schwerínii**		Kiefer	
Pínus	**sylvéstris**	1	Gemeine oder Waldkiefer, Föhre	
Pínus	**stróbus**	1	Weymouthkiefer	
Pínus	**wallichiána**	1	Tränenkiefer	
Pseudólarix	**amábilis**	1	Goldlärche	Pináceae
Pseudotsúga	**menziésii**	1	Douglastanne	Pináceae
Sciadópitys	**verticilláta**	1	Japan. Schirmtanne	Taxodiáceae
Sequoía	**sempérvirens**	1	Immergr. Mammutb.	Taxodiáceae
Sequoidadéndron	**gigantéum**	1	Wellingtonie	Taxodiáceae
Taxódium	**dístichum**	1	Sumpfeibe, -zypresse	Taxodiáceae
Táxus	**baccáta**	1,1a	Gemeine Eibe	Taxáceae

Cultivare u. a.:
'Overeynderi'
'Fastigiáta Aurea', Säulenform m. goldgelben Nadeln
'Fastigiáta Variegáta', gelblich weiß gerändert
'Adpréssa', breitbuschig, kurze Nadeln

Táxus	**cuspidáta**	1	Japanische Eibe	
Táxus	x **média**		Bastardeibe	
Thúja	**occidentális**	1	Abendl. Lebensbaum	Cupressáceae

'Fastigiáta', kegelförmig, kurze Seitentriebe
'Globósa', kugelig breit
'Rheingold'

Thúja	**orientális**	1	Morgenl. Lebensbaum	
Thúja	**plicáta**	1	Riesenlebensbaum	
Thúja	**standíshii**	1	Japan. Lebensbaum	
Thujópsis	**dolabráta**	1	Hiba-Lebensbaum	Cupressáceae
Torrēya	**nucífera**	1	Nußeibe	Taxáceae
Tsúga	**canadénsis**	1	Hemlockstanne	Pináceae
Tsúga	**diversifólia**	1	Jap. Hemlockstanne	
Tsúga	**mertensiána**	1	Berghemlockstanne	

Hinweis: Genau genommen ist *Ginkgo* kein Nadelgehölz, auch kein Übergang zwischen Nadel- und Laubgehölzen, wird aber als lebendes Fossil in einer eigenständigen Klasse *(Ginkgoopsida)* mit der Klasse *Pinopsida* (das sind die Nadelgehölze) gemeinsam in eine Unterabteilung gestellt, nämlich die der Nacktsamer. Indirekt ist folglich das Zuordnen zu den Nadelgehölzen machbar.

Obst und Südfrüchte

(Als Obst bezeichnet man die eßbaren Früchte oder Samen von heimischen, mehrjährigen, meist holzigen oder teilverholzten Pflanzen. Eßbare Früchte von Pflanzen, die in Deutschland weder angebaut noch wild vorkommen, nennt man Südfrüchte, entsprechende Herkunftsländer vorausgesetzt) ○

Bedeutung der Zahlen hinter den Artnamen siehe S. 159

Acca	**sellowiána**	3	Feijoa	Myrtáceae
Actinídia	**chinénsis**	1	„Kiwipflanze"	Actinidiáceae
Amómum	**compáctum**	2	Kardamomen	Zingiberáceae
Anacárdium	**occidéntale**	3	Kaschu-Apfel	Anacardiáceae
Ananas	**comósus**	3	Ananas	Bromeliáceae
Annóna	**cherímola**	3	„Cherimoya"	Annonáceae
Annóna	**muriacáta**	3	Sauersack	
Arachis	**hypogáea**	3	Erdnuß	Fabáceae
Artocárpus	**heterophýllus**	2	Jackfruchtbaum	Moráceae
Averrhóa	**bilímbi**	2	„Gurkenbaum", Bilimbi	Oxalidáceae
Averrhóa	**carambóla**	2	Karambola	
Berthollétia	**excélsa**	3	Paranußbaum	Lecythidáceae
Cárica	**papáya**	3	Melonenbaum	Caricáceae
Cárica	**pentagóna**	3	Babaco	
Cárya	**illinoinénsis**	1,3	Pekanußbaum	Juglandáceae
Casimíroa	**edúlis**	3	Sapote, „Ceylon Gooseberry"	Rutáceae
Cássia	**fístula**	2	Manna-Pflanze	
Castánea	**sativa**	1a	Eßkastanie, Marone	Fagáceae
Ceratónia	**síliqua**	1a	Johannisbrotbaum	Caesalpiniáceae
Cítrus	**aurantiifólia**	2	Saure Limette	Rutáceae
Cítrus	**aurántium**	2	Pomeranze	
Cítrus	**bergámia**		Bergamotte	
Cítrus	**deliciósa**		Mandarine	
Cítrus	**limétta**	2	Süße Zitrone	
Cítrus	**límon**		Zitrone, Limone	
Cítrus	**x limónia**	2	Otaheite-Orange	
Cítrus	**máxima**		Riesenorange, Pampelmuse	
Cítrus	**x nóbilis**		Königsorange	
Cítrus	**médica**	2	Zitronat-Zitrone	
Cítrus	**x paradísi**	2	Grapefruit	
Cítrus	**reticuláta**	2	Santaro-Orange	

Cítrus	**sinénsis**		Apfelsine, Orange Clementinen sind Zufallsbastarde (Mandarine x Pomeranze) und wie Mandarinen Easypeeler	Rutáceae
Cítrus	**tangerína**		Tangerine	
Cócos	**nucífera**	2	Kokospalme	Arecáceae
Córylus	**avellána**	1	Haselnuß	Betuláceae
Córylus	**máxima**	1a	Lambertsnuß	
Cydónia	**oblónga**	1a	Quitte	Rosáceae
Dimocárpus	**lóngan**	2	Longan	Sapindáceae
Diospýros	**káki**	1	Kakipflaume	Ebenáceae
Diospýros	**lótus**	1	Dattelpflaume	
Dúrio	**zibethínus**	2	Durian, Zibetbaum	Bombáceae
Eriobótrya	**japónica**	1,2	jap. Mispel, Loquate	Rosáceae
Eugénia	**uniflóra**	2,3	Pitanga	Myrtáceae
Fícus	**cárica**	1a	Gem. Feigenbaum	Moráceae
Fortunélla	**margaríta**	2	Oval-Kumquat	Rutáceae
Fragária	**x ananássa**		Gartenerdbeere	Rosáceae
Fragária	**chiloénsis**	1,3	Chile-Erdbeere	
Fragária	**vésca** var.**semperflórens**	1	Walderdbeere Monatserdbeere	
Garcínia	**mangostána**	2	Mangostane	Hypericáceae
Hylocéreus	**undátus**	3	Pitahaya	Cactáceae
Júglans	**régia**	1	Walnußbaum	Juglandáceae
Lítchi	**chinénsis**	2	Litchipflaume	Sapindáceae
Macadámia	**ternifólia**	5	Austr, „Haselnuß“	Proteáceae
Manilkára	**zapóta**	3	Sapodilla	Sapotaceae
Malpíghia	**glábra**	3	Acerola, „Westindian Cherry“	Malpighiáceae
Málus	**sylvéstris**		Apfelbaum	Rosáceae
Málus	**doméstica**		Kulturapfel	
Mangífera	**índica**	2	Mangobaum	Anacardiáceae
Méspilus	**germánica**	1a	Mispel	Rosáceae
Músa	**x paradisíaca**		Banane	Musáceae
Myrística	**frágrans**	2	Muskatnußbaum	Myristicáceae
Nephélium	**lappáceum**	2	Rambutan	Sapindáceae
Olea	**europáea**	1a,2	Olivenbaum, Ölbaum	Oleáceae
Opúntia	**ficus-índica**	2,3	Feigenkaktus	Cactáceae
Passiflóra	**edúlis**	2	Purpur-Granadille	Passifloráceae
Passiflóra	**liguláris**	3	Süße Granadilla	
Passiflóra	**mollíssima**	3	Curuba	
Phýsalis	**peruviána**	3	Andenbeere	Solanáceae

Phœ́nix	**dactylífera**		Echte Dattelpalme	Arecáceae
Pérsea	**americána**	33	Avadobirne Aguacate	Lauráceae
Piménta	**dioíca**	2,3	Pimentbaum	Myrtáceae
Prúnus	**dúlcis**	1a	Mandelbaum	Rosáceae
	var. **amára**		Bittermandel	
	var. **dúlcis**		Süßmandel	
	var. **frágilis**		Knackmandel	
Prúnus	**armeníaca**	1	Aprikose	
Prúnus	**ávium**	1	Süßkirsche (Herz- u. Knorpelk.)	
Prúnus	**cerasífera**	1	Kirschpflaume	
Prúnus	**cérasus**	1,1a	Sauerkirsche (Weichsel) Morelle (Amarelle) Glaskirsche = Kreuzung zw. Süß- u. Sauerk.	
Prúnus	**doméstica**	1	Pflaume, Zwetsche	
	subsp. **insitítia**		Haferschlehe Krieche	
	subsp. **itálica**		Reineclaude	
	subsp. **syríaca**		Mirabelle	
Prúnus	**máhaleb**	1	Steichweichsel, Felsenkirsche	
Prúnus	**pérsica**		Pfirsichbaum	
	var. **nucipérsica**		Nektarine	
Psídium	**guajáva**	3	Guava	Myrtáceae
Púnica	**granátum**	1,1a	Granatbaum	Punicáceae
Pýrus	**commúnis**		Birnbaum	Rosáceae
Pýrus	**pyrifólia**		Nashi, Asian Pear	
Ríbes	**nígrum**	1	Schwarze Johannisbeere, Ahlbeere	Saxifragáceae
Ríbes	**rúbrum**	1	Gartenjohannisbeere	
Ríbes	**úva-críspa**		Stachelbeere	
Rúbus	**chamǽmorus**	1	Moltebeere	Rosáceae
Rúbus	**„fructicósus"**		Brombeere	
Rúbus	**idǽus**	1	Himbeere	
Solánum	**muricátum**	3	Pepino	Solanáceae
Solánum	**quitoénse**	3	Naranjilla	
Solánum	**sessiliflórum**	3	Topiro, Orinocoapfel	
Sórbus	**aucupária**	1	Vogelbeerbaum	Rosáceae
	subsp. **morávica**		Eßbare Eberesche	

Sórbus	**doméstica**	1,1a	Speierling	Rosáceae
	'Pyrifera'		birnförm. Speierling	
	'Pomífera'		apfelförm. Speierling	
Spóndias	**cythérea**	3	Tahiti-Apfel	Anacardiáceae
Spóndias	**mómbin**	2,3	Gelbe Mombin-pflaume	
Spóndias	**purpúrea**		Rote Mombin-pflaume	
Syzýgium	**jámbos**	2	Rosenapfel	Myrtáceae
Syzýgium	**malaccénse**	2	Malayaapfel	
Tamaríndus	**índica**	2	Tamarinde	Caeselpiniáceae
Vaccínium	**myrtíllus**	1	Heidel-, Blaubeere	Ericáceae
Vaccínium	**macrocárpon**	1	Großfr. Moosbeere, „Cranberry“	
Vaccínium	**corymbósum**	1	„Blueberry“	
Vaccínium	**vitis-idǽa**	1	Preisel-,Kronsbeere	Ericáceae
Vítis	**vinífera**	1,1a	Weinrebe	Vitáceae
Zíziphus	**jujúba**	1a,2	Jujuba, chin. Dattel	Rhamnáceae

Gemüse

(Als Gemüse bezeichnet man die krautigen Nutzpflanzen, deren Blätter, Blattstiele, Stengel, Fruchtböden, Früchte, Knospen, Knollen, Zwiebeln, Samen und Wurzeln roh, gekocht oder konserviert den Menschen als Nahrung dienen).

Definition des Fruchthandels: Gemüse sind meist kernlose Erträge von vorwiegend einjährigen und krautigen Pflanzen.

Bedeutung der Zahlen hinter den Artnamen siehe S. 159

Abelmóschus	**esculéntus**	1a,2	Okra	Malváceae
Allium	**ampelóprasum**	1,1a	Acker-Knoblauch	Liliáceae
Allium	**cépa**		Speisezwiebel	
	var. **ascalónicum**		Schalotte	
Állium	**fistulósum**		Winterzwiebel	
Állium	**pórrum**	1a	Porree, Lauch	
Állium	**satívum**	1,2	Knoblauch	
Állium	**schoenóprasum**	1	Schnittlauch	
Ápium	**gravéolens**	1–4	Sellerie	Apiáceae
	var. **dúlce**		Bleich-Sellerie	
	var. **rapáceum**		Knollen-Sellerie	
	var. **secalínum**		Schnitt-Sellerie	
Armorácia	**rusticána**	1	Meerrettich	Brassicáceae
Aspáragus	**offcinális**	1,1a	Spargel	Liliáceae
Átriplex	**horténsis**		Gartenmelde	Chenopodiáceae
Bambúsa	**vulgáris**	2	Bambus	Poáceae
Béta	**vulgáris**	1,1a		Chenopodiáceae
	ssp. **vulgáris**			
	convar. **cícla**		Blatt- u. Stielmangold	
	convar. **vulgáris**			
	var. **altíssima**		Zuckerrübe	
	var. **rapácea**		Futterrübe	
	var. **vulgáris**		Rote Bete, Salatrübe	
Brássica	**nápus**		Raps, Rübe	Brassicáceae
	ssp. **rapífera**		Steckrübe, Wrucke	
Brássica	**olerácea**			Brassicáceae
	ssp. **olerácea**			
	convar. **acéphala**			
	var. **medullósa**		Markstammkohl	

	var. **sabéllica**		Grünkohl	
	convar. **botrýtis**			
	var. **botrýtis**		Blumenkohl, Karfiol	
	var. **itálica**		Sprossenbrokkoli	
	convar. **capitáta**			
	var. **capitáta**		Weißkohl, Rotkohl	
	var. **sabaúda**		Wirsing	
	convar. **fruticósa**			
	var. **gemmífera**		Rosenkohl	
	convar. **caulorápa**			
	var. **gongylódes**		Kohlrabi	
Brássica	**rápa**	1,1a	Weiße Rübe	
	ssp. **chinénsis**		Chinakohl, Pak-Choi	
	ssp. **pekinénsis**		Pekingkohl	
Cápsicum	**ánnuum**	3	Gemüsepaprika	Solanáceae
Cápsicum	**frutéscens**	3	Peperoni, Chi(l)li	
Chaerophýllum	**bulbósum**	1	Kerbelrübe	Apiáceae
Chenopódium	**quinóa**	3	Quinoa (spr. Kinwa), Reismelde	Chenopodiáceae
Cícer	**arietinum**	1	Kichererbse	Fabáceae
Cichórium	**endívia**	1,1a	Winterendivie	Chichoriáceae
	var. **críspum**		Kr. Winterendivie	
	var. **latifólium**		Eskariol	
Cichórium	**íntybus**		Weiße Zichorie	
	var. **foliósum**		Chicorée, Radicchio	
	var. **satívum**		Wurzel-Zichorie	
Citrúllus	**lanátus**	2	Wassermelone	Cucurbitáceae
Colocásia	**escúlenta**		Taro	Aráceae
Crámbe	**marítima**	1	Meerkohl	Brassicáceae
Cúcumis	**mélo**		Melone	Cucurbitáceae
Cúcumis	**metulíferus**	2,4	Kiwano	
Cúcumis	**satívus**	2	Gurke	
Cucúrbita	**ficifólia**	3	Feigenblattkürbis resistente Unterlagen gegen die Gurkenwelke	Cucurbitáceae
Cucúrbita	**máxima**	3	Riesenkürbis	
Cucúrbita	**pépo**	1,3	Gartenkürbis	
	var. **giromontiina**		Zucchini	

Cýnara	**cardúnculus**	1a	Cardy,	Asteráceae
			Span. Artischocke	
Cýnara	**scólymus**		Artischocke	
Cyphomándra	**betácea**	3	Baumtomate	Solanáceae
Daūcus	**caróta**		Mohrrübe, Möhre	Apiáceae
Dioscórea	**esculénta**	2	Yam	Dioscoreáceae
Eutérpe	**olerácea**	3	Kohlpalme, Palmito	Arecáceae
Foenículum	**vulgáre**		Gemüsefenchel	Apiáceae
	var. **azóricum**			
Glycíne	**max**		Soja-Bohne	Fabáceae
Heliánthus	**tuberósus**	1	Topinambur,	Asteráceae
			Erdbirne	
Ipomóēa	**batátas**	3	Süßkartoffel	Convolvuláceae
Lactúca	**satíva**		Gartensalat, Lattich	Cichoriáceae
	var. **capitáta**		Kopfsalat	
	var. **críspa**		Pflücksalat,	
			Sommersalat,	
			Schnittsalat	
	var. **longifólia**		Römischer Salat	
Léns	**culináris**		Linse	Fabáceae
Lepídium	**satívum**	1a	Gartenkresse,	Brassicáceae
			Kresse	
Lycopérsicon	**esculéntum**	3	Tomate, Liebesapfel	Solanáceae
Málva	**vertícillata**	1	Krause Malve	Malváceae
Mánihot	**esculénta**	3	Maniok	Euphorbiáceae
Pastináca	**satíva**	1	Pastinake, Hammel-	Apiáceae
			möhre, Pasternak	
Phaséolus	**vulgáris**	3	Bohne	
	var. **nánus**		Busch, Kruppbohne	
	var. **vulgáris**		Stangenbohne	
Písum	**satívum**	1,1a	Erbse	Fabáceae
	ssp. **satívum**			
	convar.			
	speciósum		Futtererbse	
	convar.			
	medulláre		Markerbse	
	convar.			
	axíphium		Zuckererbse	
	convar.			
	satívum		Pal- oder Schalerbse	
Ráphanus	**satívus**		Rettich	Brassicáceae
	var. **longipin-**		Chinese radish	
	nátus			
	var. **móūgri**		Schlangenrettich	
	var. **niger**		Europ. Rettich	
	var. **oleifórmis**		Ölrettich	
	var. **sativus**		Radies	

Rheúm	**rhabárbarum**	1	Rhabarber	Polygonáceae
Rúmex	**rugósus**		Garten-Sauerampfer	Polygonáceae
Rúmex	**patiéntia**	1,1a	Gemüseampfer Engl.Spinat	
Scorzonéra	**hispánica**	1,1a	Schwarzwurzel	Cichoriáceae
Séchium	**edúle**	3	Chayote	Cucurbitáceae
Solánum	**melóngena**	2	Eierfrucht, Aubergine	Solanáceae
Solánum	**tuberósum**	3	Kartoffel	
Spinácia	**olerácea**		Spinat	Chenopodiáceae
Stáchys	**affínis**	1	Knollenziest (japan. Kartoffel)	Lamiáceae
Taráxacum	**officinále**	1	Löwenzahn	Chichoriáceae
Tetragónia	**tetragonioídes**	2,5	Neuseeländer Spinat	Aizoáceae
Tragopógon	**porrifólius**	1a	Hafer-, Weißwurzel	Asteráceae
Valerianélla	**locústa**	1,1a	Feldsalat, Ackersalat	Valerianáceae
Vícia	**fába**		Puff-, Dicke Bohne	Fabáceae
Vígna	**anguláris**	2	Adzubibohne (dunkelr. Samen)	Fabáceae
Vígna	**múngo**	2	Urdbohne (schwarze Samen)	
Vígna	**radiata** var. **radiata**		Mungbohne	
Zéa	**máys**	3	Mais	Poáceae
	convar. **amylácea**		Stärkemais	
	convar. **cerátina**		Chin. Mais, Wachsmais	
	convar. **microspérma**		Puffmais, Popcorn	

Nachtrag: Nicht eindeutig abgesichert sind folgende wissenschaftliche Pflanzennamen: **Brássica rápa** var. **rapífera** subvar. **pygmáea, Teltower Rübchen, Brássica rápa** var. **rapífera** subvar. **pabulária, Stielmus.**

Gewürz- und Küchenkräuter des Freilandes

(Sie werden als ein- oder mehrjährige Pflanzen kultiviert.) ¥
Bedeutung der Zahlen hinter den Artnamen siehe S. 159)
Zeichenerklärung: ^ Winterschutz erforderlich

Allim	**schoenóprasum**	1	Schnittlauch	♃	Liliáceae
Anéthum	**gravéolens**	1a,2	Dill	⊙	Apiáceae
Angélica	**archangélica**	1	Angelika, Engelwurz	♃	Apiáceae
Anthríscus	**cerefólium**		Kerbel	⊙	Apiáceae
Armorácia	**rusticána**	1	Meerrettich	♃	Brassicáceae
Artemísia	**absínthium**	1,1a	Wermut	♃	Asteráceae
Artemísia	**abrótanum**	1	Eberraute	♄	
Artemísia	**dracúnculus**	1	Estragon	♃	
Artemísia	**vulgáris**	1,1a	Beifuß	♃	
Borágo	**officinális**	1a	Boretsch Gurkenkraut	⊙	Boragináceae
Brássica	**nígra**	1	Schwarzer Senf	⊙	Brassicáceae
Cápsicum	**ánnuum**	3	Gemüsepaprika	⊙	Solanáceae
Cárum	**cárvi**	1	Kümmel	⊙	Apiáceae
Chamomílla	**recutíta**	1,1a,2	echte Kamille	⊙	Asteráceae
Cnícus	**benedíctus**	1a	Benediktenkraut	⊙	Asteráceae
Coriándrum	**satívum**	1a	Koriander	⊙	Apiáceae
Cumínum	**cymínum**	1a	Kreuzkümmel	⊙	Apiáceae
Foenículum	**vulgáre** var. **dúlce**	1a	Gewürz-Fenchel	♃	Apiáceae
Hyssópus	**officinális**	1	Ysop	♃	Lamiáceae
Illícium	**vérum** ^	2	Sternanis	♄	Illiciáceae
Lepidium	**satívum**	1a	Gartenkresse, Kresse	⊙	Brassicáceae
Levísticum	**officinále**	1	Liebstöckel	♃	Apiáceae
Majorána	**horténsis**		sieh bei **Oríganum majorána**		
Matricária	**chamomílla**		siehe bei **Chamomilla**		
Melíssa	**officinális**	1	Zitronenmelisse	♃	Lamiáceae
Méntha	**x piperíta**		Pfefferminze	♃	Lamiáceae
Mýrrhis	**odoráta**	1	Myrrhe, Süßdolde	♃	Apiáceae
Nastúrtium	**officinále**	1–5	Brunnenkresse	♃	Brassicáceae
Ocimum	**basílicum**		Basilienkraut	⊙	Lamiáceae
Oríganum	**majorána**	1a,2	Majoran	⊙	Lamiáceae
Oríganum	**vulgáre**	1	Oregano	♃	
Petroselínum	**críspum**	1a	Petersilie	⊙	Apiáceae
Pimpinélla	**anísum**	1a	Anis	⊙	Apiáceae
Pimpinélla	**saxífraga**	1	Bibernelle, Pimpinelle	⊙	
Rosmarínus	**officinális** ^	1a	Rosmarin	♄	Lamiáceae

Rúta	**gravéolens**	1,1a	Raute	♃ Rutáceae
Sálvia	**officinális**	1,1a	Gartensalbei	♃ Lamiáceae
Sálvia	**sclárea**	1,1a	Muskatellersalbei	⊙ Lamiáceae
Sanguisórba	**mínor**	1	Bibernelle	♃ Rosáceae
Saturéja	**horténsis**	1a	Bohnenkraut, Kölle, Pfefferkraut	⊙ Lamiáceae
Sédum	**refléxum**	1,1a	Tripmadam	♃ Crassuláceae
Saturéja	**montána**	1a	Winterbohnenkraut	♃ Lamiáceae
Thýmus	**x citriodórus**		Zitronenthymian	Lamiáceae
Thýmus	**vulgaris**	1a	Thymian	♃
Trigonélla	**caerúlea**	1,1a	Schabzigerklee	⊙ Fabáceae

Speisepilze

(Wichtige Kulturpilze und Waldpilze)

Sie werden in der Regel zum Gemüse gerechnet, nicht aber im Fruchthandel, obschon sie zu dessen Sortiment gehören.

Agáricus	**bísporus**	Kulturchampignon
Bolétus	**edúlis**	Steinpilz
Cantharéllus	**cibarius**	Pfifferling
Coprínus	**comátus**	Schopftintling
Kuehneromýces	**mutábilis**	Stockschwämmchen
Lentínus	**edódes**	Shii Take (asiat. Basidiomycet)
Pleurótus	**ostreátus**	Austernpilz
Strophária	**rugóso-annuláta**	Kulturträuschling
Túber	**melanósporum**	Trüffel

Diese 9 Arten werden am häufigsten angeboten. Zuordnung zu Familien sind nicht vorgenommen worden. Das wäre mykologischer Aufgabenbereich und würde den Rahmen dieses Büchleins sprengen.

Einjährige und zweijährige Unkräuter

(Unkräuter sind im weitesten Sinne des Wortes „Nicht-Kulturpflanzen", die unerwünschte Eindringlinge in die Kulturpflanzenbestände sind; „Wild- oder Nutzkräuter" heißen Unkräuter bei den Alternativen). U

Bedeutung der Zahlen hinter den Artnamen siehe S. 159

Aethúsa	**cynápium**	1	Hundspetersilie	Apiáceae
Agrostémma	**githágo**	1,1a,2	Kornrade	Caryophylláceae
Amaránthus	**retrofléxus**	3	Fuchsschwanz	Amarantháceae
Anagállis	**arvénsis**	1, 1a,3	Ackergauchheil	Primuláceae
Anthemis	**arvénsis**	1,1a	Ackerkamille	Asteráceae
Anthemis	**cótula**	1, 1a,2	Stink. Hundskamille	
Anthríscus	**cerefólium**		Wilder Kerbel	Apiáceae
Anthríscus	**sylvéstris**	1,1a	Wiesenkerbel	Apiáceae
Antirrhínum	**oróntium**	1a,2	Ackerlöwenmaul	Scrophulariáceae
Apera	**spíca-vénti**	1	Windhalm	Poáceae
Arctium	**láppa**	1	Große Klette	Asteráceae
Arctium	**mínus**	1,1a	Kleine Klette	
Arctium	**tomentósum**	1	Filzige Klette	
Arenária	**serpyllifólia**	1,1a	Sandkraut	Caryophýlláceae
Aspérula	**arvénsis**	1a	Acker-Meier	Rubiáceae
Atriplex	**pátula**	1,1a	Gemeine Melde	Chenopodiáceae
Avéna	**fátua**	1	Wind- od. Flughafer	Poáceae
Brómus	**stérilis**	1,1a	Taube Trespe	Poáceae
Brómus	**tectórum**	1,1a	Dachtrespe	Poáceae
Capsélla	**búrsa-pastóris**	1	Hirtentäschelkraut	Brassicáceae
Cardámine	**hirsúta**	1,1a	Haar-Schaumkraut	Brassicáceae
Centauréa	**cýanus**	1a	Kornblume	Asteráceae
Chaerophýllum	**témulum**	1,1a	Kälberkropf	Apiáceae
Chamomílla	**suavéolens**	1	Wilde Kamille, Strahllose Kamille	Asteráceae
Chenopódium	**álbum**	1	Gänsefuß, „Melde"	Chenopodiáceae
Cónium	**maculátum**	1,1a	Schierling	Apíáceae
Conýza	**canadénsis**	1	Kan. Berufkraut	Asteráceae
Cuscúta	**epithýmum**	1	Kleeseide	Convolvuláceae
Datúra	**stramónium**	3	Stechapfel	Solanáceae
Digitária	**sanguinális**	1–5	Bluthirse	Poáceae
Erígeron	**canádensis**		siehe bei **Conýza**	
Eródium	**cicutárium**	1a	Reiherschnabel	Geraniáceae
Eróphila	**vérna**	1,1a	Hungerblümchen	Brassicáceae

Erýsimum	**cheiranthoídes**	1	Schöterich	Brassicáceae
Euphórbia	**helioscópia**	1, 1a,2	Sonnenwolfsmilch	Euphorbiáceae
Euphórbia	**láthyris**	1a	Spring-Wolfsmilch	
Euphórbia	**péplus**	1,2	Wolfsmilch	
Fallópia	**convólvulus**	1,1a	Windenknöterich	Polygonáceae
Fumária	**officinális**	1,1a	Erdrauch	Papaveráceae
Galeópsis	**ládanum**	1	Hohlzahn, Hanfnessel	Lamiáceae
Galeópsis	**tétrahit**	1,2	Hohlzahn, Gem. Daun	
Galinsóga	**ciliáta**	3	Franzosenkraut	Asteráceae
Galinsóga	**parviflóra**	3	Franzosenkraut	
Gálium	**aparíne**	1	Klebkraut, Labkraut	Rubiáceae
Geránium	**disséctum**	1, 1a,2	Storchschnabel	Geraniáceae
Geránium	**mólle**	1,1a	Storchschnabel	
Geránium	**pusíllum**	1	Storchschnabel	
Geránium	**robertiánum**	1,1a	Storchschnabel	
Heliotrópium	**europǽum**	1a	Skorpionskraut	Borragináceae
Hórdeum	**murínum**	1	Mäusegerste	Poáceae
Hyoscýamus	**níger**	1,1a	Bilsenkraut	Solanáceae
Ibéris	**amára**	1,1a	Bauernsenf	Brassicáceae
Impátiens	**parviflóra**	1	Springkraut	Balsamináceae
Lámium	**amplexicáule**	1,1a	Taubnessel	Lamiáceae
Lámium	**purpúreum**	1,1a	Ackertaubnessel	
Lapsána	**commúnis**	1,1a	Gemeiner Rainkohl	Cichoriáceae
Láthyrus	**áphaca**	1,1a	Platterbse	Fabáceae
Lepídium	**campéstre**	1	Feldkresse	Brassicáceae
Lithospérmum	**arvénse**	1, 1a,2	Ackersteinsame	Boragináceae
Lólium	**temuléntum**	1,2, 5	Taumellolch	Poáceae
Málva	**neglécta**	1, 1a,2	Kl. Malve Käsepappel	Maváceae
Málva	**sylvéstris**	1,1a	Wilde Malve, Roßpappel	
Matricária	**matricarioídes**		siehe gültig bei **Chamomilla suavéolens**	
Melampýrum	**arvénse**	1	Ackerwachtelweizen	Scrophulariáceae
Melilótus	**álba**	1	Weißer Steinklee	Fabáceae
Melilótus	**officinális**	1	Echter Steinklee	
Mercuriális	**ánnua**	1,1a	Bingelkraut	Euphorbiáceae
Myosótis	**arvénsis**	1	Vergißmeinnicht	Boragináceae

Oenothéra	**biénnis**	1,3	Nachtkerze	Onagráceae
Onopórdum	**acánthium**	1	Eselsdistel	Asteráceae
Orobánche	**ramósa**	1a,4	Hanftod	Orobancháceae
Papáver	**dúbium**	1,1a	Saatmohn	Papaveráceae
Papáver	**rhoeas**	1,1a	Klatschmohn	
Póa	**ánnua**	1–5	Rispengras	Poáceae
Polýgonum	**aviculáre**	1,1a	Vogelknöterich	Polygonáceae
Polýgonum	**convólvulus**		siehe bei **Fallopia**	
Polýgonum	**lapathifólium**	1	Ampfer-Knöterich	Polygonáceae
Polýgonum	**persicária**	1,1a	Floh-Knöterich	
Ráphanus	**raphanístrum**	1,1a	Hederich	Brassicáceae
Scleránthus	**ánnuus**	1,1a	Knäuel	Caryophýlláceae
Senécio	**jacobáea**	1,1a	Jakobs-Kreuzkraut	Asteráceae
Senécio	**vernális**	1	Frühlingskreuzkraut	
Senécio	**viscósus**	1	Klebriges Kreuzkraut	
Senécio	**vulgáris**	1,1a	Gemeines Kreuzkraut	
Setária	**itálica**		Borstenhirse	Poáceae
Sinápis	**arvénsis**	1,1a	Ackersenf	Brassicáceae
Sisýmbrium	**officinále**	1,1a	Wegrauke, Rauke	Brassicáceae
Solánum	**nígrum**	1–5	Nachtschatten	Solanáceae
Sónchus	**ásper**	1, 1a,2	Rauhe Saudistel	Cichoriáceae
Sónchus	**oleráceus**	1,1a	Kohlgänsedistel	
Spérgula	**arvénsis**	1	Ackerspörgel, Spark	Caryophylláceae
Spérgula	**morisónii**	1	Spark	
Stáchys	**arvénsis**	1, 1a,2	Ackerziest	Lamiáceae
Stellária	**média**	1–5	Vogel-, Sternmiere	Caryophylláceae
Thláspi	**arvénse**	1,1a	Ackerhellerkraut	Brassicáceae
Trifólium	**arvénse**	1, 1a,2	Hasenklee	Fabáceae
Úrtica	**úrens**	1,4, 5	Kleine Brennessel	Urticáceae
Verbéna	**officinális**	1	Eisenkraut	Verbenáceae
Verónica	**agréstis**	1,1a	Ackerehrenpreis	Scrophulariáceae
Verónica	**hederifólia**	1,1a	Efeubl. Ehrenpreis	
Verónica	**pérsica**	1,2	Pers. Ehrenpreis	
Verónica	**triphýllos**	1,1a	Dreiblättriger Ehrenpreis	
Víola	**trícolor**	1,1a	Stiefmütterchen	Violáceae

Die Aufzählung erhebt keinerlei Anspruch auf Vollständigkeit. Letztere trifft auch für die nachfolgend aufgeführten ausdauernden Unkräuter nicht zu. Umfassende Informationen können nur Spezialwerke (z. B. Bestimmungsbücher) bieten.

Ausdauernde Unkräuter ♃

(Bedeutung der Zahlen hinter den Artnamen siehe S. 159)

Aegopódium	**podagrária**	1	Giersch, Geifuß	Apiáceae
Agropýron	**répens**	1,1a	Quecke	Poáceae
Artemísia	**vulgáris**	1,1a	Beifuß	Asteráceae
Bryónia	**alba**	1,1a	Einh. Zaunrübe	Cucurbitáceae
Bryónia	**crética** ssp. **dioíca**	1,1a	Zweihäus. Zaunrübe	
Calystégia	**sépium**	1–5	Zaunwinde	Convolvuláceae
Campánula	**rapunculoídes**	1	Ackerglockenblume	Campanuláceae
Cardária	**drába**	1,1a	Pfeilkresse	Brassicáceae
Chelidónium	**május**	1,1a 2	Schöllkraut	Papaveráceae
Chrysánthemum	**vulgáre**		siehe bei **Tanacétum vulgare**	
Círsium	**vulgáre**	1,1a	Kratzdistel	Asteráceae
Convólvulus	**arvénsis**	1,1a	Ackerwinde	Convolvuláceae
Equisétum	**arvénse**	1	Ackerschachtelhalm	Equisetáceae
Glechóma	**hederácea**	1	Gundermann	Lamiáceae
Heracléum	**sphondýlium**	1,1a	Wiesen-Bärenklau	Apiáceae
Hólcus	**lanátus**	1,1a 2	Honiggras, Wollgr.	Poáceae
Hydrocótyle	**vulgáris**	1,1a	Wassernabel	Apiáceae
Hypéricum	**perforátum**	1,1a	Johanniskraut	Hypericáceae
Júncus	**effúsus**	1–4	Binse	Juncáceae
Lámium	**álbum**	1	Taubnessel	Lamiáceae
Lámium	**maculátum**	1	Taubnessel	
Láthyrus	**tuberósus**	1,1a	Knollige Platterbse	Fabáceae
Leonúrus	**cardíaca**		Herzgespann	Lamiáceae
Linária	**vulgáris**	1	Leinkraut	Scrophulariáceae
Petasítes	**hýbridus**	1	Pestwurz	Asteráceae
Plantágo	**lanceoláta**	1,1a	Spitzwegerich	Plantagináceae
Plantágo	**májor**	1,1a	Großer Wegerich	
Plantágo	**média**	1	Bastard-Wegerich	
Potentílla	**anserína**	1–5	Gänsefingerkraut	Rosáceae
Ranúnculus	**ácris**	1,1a	Scharfer Hahnenfuß	Ranunculáceae
Ranúnculus	**bulbósus**	1,1a	Knollenhahnenfuß	
Ranúnculus	**ficária**	1,1a	Scharbockskraut	
Ranúnculus	**répens**	1,1a	Kriech. Hahnenfuß	
Rúmex	**acetosélla**	1,1a	Kleiner Sauerampfer	Polygonáceae

Rúmex	**críspus**	1	Krauser Ampfer	Polygonáceae
Rúmex	**obtusifólius**	1,1a	Ampfer	
Sagína	**procúmbens**	1	Mastkraut	Caryophylláceae
Sónchus	**arvénsis**	1,1a	Gänse-, Saudistel	Asteráceae
Tanacétum	**vulgáre**	1	Rainfarn	Asteráceae
Taráxacum	**officinále**	1	Löwenzahn	Cichoriáceae
Tussilágo	**fárfara**	1,1a	Huflattich	Asteráceae
Úrtica	**dioíca**	1,1a 2,3	Große Brennessel	Urticáceae
Verónica	**filifórmis**	1	Faden-Ehrenpreis	Scrophulariáceae
Vícia	**crácca**	1	Vogelwicke	Fabáceae
Vícia	**sépium**	1	Zaunwicke	

Grasarten für Zierrasen, Sportrasen, Straßenränder und Böschungen

(Bedeutung der Zahlen hinter den Artnamen siehe S. 159)
Aufgeführt sind nur die wichtigsten Arten. Nomenklatur und systematische Abgrenzung bereiten teilweise Schwierigkeiten. In einigen Fällen sind diese angegeben worden (Kennzeichnung i. w. S. = im weiteren Sinne hinter den Artbezeichnungen bei sogenannten Sammelarten bzw. Hinweis Kl. A = Kleinart hinter entsprechenden Epitheta).

Agróstis	**canína**	1	Hundsstraußgras	Poáceae
Agróstis	**vineális** Kl. A	1	Sandstraußgras	
Agróstis	**gigantéa** Kl. A.	1	Fioringras	
Agróstis	**stolonífera** i. w. S.	**1,1a 5**	Flechtstraußgras	
Agróstis	**capilláris**	1,1a	Rotes Straußgras	
Avenélla	**flexúosa**	1, 1a, 3,6	Drahtschmiele	Poáceae
Brachypódium	**pinnátum**	1,1a	Fiederzwenke	Poáceae
Brómus	**eréctus**	1,1a	Aufrechte Trespe	Poáceae
Brómus	**inérmis**	1	Wehrlose Trespe	
Cýnodon	**dáctylon**	2,3	Hundszahngras, engl. Bermudagras	Poáceae
Cynosúrus	**cristátus**	1	Kammgras	Poáceae
Festúca	**duriúscula** Kl. A.		Härtlicher Schwingel	Poáceae
Festúca	**nigréscens** Kl. A.		Horst-Rotschwingel	
Festúca	**ovína** i.w.S.	1,1a	Schafschwingel	
Festúca	**rúbra** i.w.S.	1	Rotschwingel	
Lólium	**perénne**	1,1a	Engl. Raygras dtsch. Weidelgras	Poáceae
Phléum	**bertolónii** Kl. A		Zwiebellieschgras	Poáceae
Póa	**ánnua**	1–5	Jähriges Rispengras	Poáceae
Póa	**compréssa**	1	Platthalmrispengras	
Póa	**nemorális**	1,1a	Hainrispengras	
Póa	**praténsis**	1,1a	Wiesenrispengras	
Póa	**triviális**	1,1a	Gemeines Rispengras	

Anmerkung: Festúca „duriúscula" des Handels (dort meist nur „Schafschwingel") entspricht größtenteils der Kl. A. **Festúca trachýphýlla** heutiger Nomenklatur. F. „duriúscula" ist ein vieldeutiger, mißverständlicher Name, unter dem auch andere Arten laufen und liefen, und sollte künftig nicht mehr

verwendet werden. Inwieweit Phl. bertolónii zu Phl. nodósum gehört, sei dahingestellt. Unsicher ist auch der Gattungsname für die Drahtschmiele. Er kann künftig wieder Deschámpsia lauten. Agróstis vineális wird häufig als A. coarctáta geführt. Leider werden die Namen oft gewechselt, wie selbst Prof. Boeker in jüngster Vergangenheit bedauernd festgestellt hat.
Ein ganz neues Rasengras ist Póa supína. Es hat Ähnlichkeit mit P. ánnua, aber wesentlich bessere Eigenschaften.
Bei der Fußball-WM 1994 in den USA wurde die Rasenfläche für den völlig überdachten Silverdome bei Detroit nach den Plänen von Ingenieurbiologen teilstückweise (2000 Sechseck-Kleinstflächen) outdoor vorgefertigt, erst viel später indoor zu einem Ganzen zusammengefügt und bestand aus einer Mischung von 75 % Kentucky bluegrass (Wiesenrispengras = Póa praténsis) und 25 % rye grass (englisches Raygras = Lólium perénne). Auf den Freilandspielflächen der Stadien von Dallas, Los Angeles und Orlando entschied man sich für Bermuda grass (Hundszahngras = Cýnodon dáctylon), in Chicago, Boston, San Francisco und Washington wiederum für Kentucky bluegrass. Spezielle Düngungsmaßnahmen und Einsatz von Wachstumsregulatoren waren vermutlich für den tadellosen Zustand der Spielflächen mindest so bedeutsam wie die verwendeten Gräser bzw. Rasengräsermischungen selbst.

Liste der geänderten Pflanzennamen (aktuelle Teilliste)

Im „Zander“, dem umfangreichsten deutschsprachig orientierten Dictionnaire, wird in der 14. Auflage (1993) im Vergleich zur 13. aus dem Jahr 1984 eine kleine Anzahl wissenschaftlicher Pflanzennamen verändert dargeboten. Da in etlichen solcher Fälle das letzte Wort noch nicht gesprochen sein dürfte und ohnehin nomenklatorische Diskrepanzen im begrenzten Umfang stets zu erwarten sein werden, folgen nun lediglich Gegenüberstellungen.

1984	**1993**
Agáve fernándi-régis	Agáve victóriae-regínae
Arachniódes adiantifórmis	Rumóhra adiantifórmis
Arália eláta	Arália mandshúrica
Arundinária (Gattung)	Pleioblástus (hierher die meisten Arundinaria-Arten)
Belopérone guttáta	Justícia brandegeána
Brassáia actinophýlla	Schéfflera actinophýlla
Celósia argéntea	Celósia cristáta
var. cristáta	'Cristata'
var. plumósa	'Plumosa'
Chrysánthemum coccíneum	Tanacétum coccíneum
Chrysánthemum frutéscens	Argyránthemum frutéscens
Chrysánthemum-Indicum-Hybriden	Dendránthema-Grandiflórum-Hybriden
Chrysánthemum leucánthemum	Leucánthemum vulgáre
Chrysánthemum máximum	Leucánthemum máximum
Chrysánthemum multicáule	Coleóstephus multicáulis
Chrysánthemum vulgáre	Tanacétum vulgáre
Crataégus x prunifólia	Crataégus persímilis
Delphínium ajácis	Consólida ajácis
Delphínium consólida	Consólida regális
Dizygothéca elegantíssima	Schéfflera elegantíssima
Eriánthus ravénnae	Sáccharum ravénnae
Festúca scopária	Festúca gautiéri
Godétia amoéna	Clárkia amoéna
Gloriósa rothschildiána	Gloriósa supérba
Haemánthus katherínae	Scadóxus multiflórus subsp. Katherínae
Hawórthia margaritífera	Haworthia púmila
Hellébórus guttátus	Hellébórus orientális
Iris Kaémpferi	Iris ensáta
Rhipsalidópsis spec.	Hatióra spec.
Rhoéo spathácea	Tradescántia spathácea
Setcreásia pállida	Tradescántia pállida
Tradescántia blossfeldiána	Tradescántia cerinthoídes
Vallóta speciósa	Cyrtánthus purpúreus
Zebrína péndula	Trandescántia zebrína

Liste geänderter Pflanzennamen

(erweiterte Liste mit nomenklatorischen Änderungen, die schon vor Jahren erfolgten)

aktuelle Namen	**frühere Namen**
Ábies lasiocárpa	Ábies arizónica
Ábies procéra	Ábies nóbilis
Abútilon pictum	Abútilon striátum
Actaea pachýpoda	Actaea álba
Adiántum raddiánum	Adiántum cuneátum
Aeschynánthus radícans	Aeschynánthus javánicus, A. lobbiánus, A. púlcher
Alternanthéra ficoídea	Alternanthéra amoena
Anthemis marschalliána	Anthemis biebersteiniána
Araucária heterophylla	Araucária excélsa
Aspáragus densiflórus ‚Spréngeri'	Aspáragus spréngeri
Aspáragus retrofráctus var. myriocládus	Aspáragus myriocládus
Aspáragus setáceus	Aspáragus plumósus
Asplénium daucifólium	Asplénium vivíparum
Chamomílla recutita	Matricária chamomílla
Chamomílla suavéolens	Matricária matricarioídes
Choenoméles (Gattungsname)	Chaenoméles
Cleóme spinósa	Cleóme púngens
Clárkia unguículáta	Clárkìa élegans
Cordýline fructiósa	Cordýline terminális
Córnus serícea	Córnus stolonífera
Crássula perfoliáta	Crássula falcáta
Crataegus intricáta	Crataegus coccínea (zum Teil)
Crataegus laevigáta	Crataegus monógyna (zum Teil)
Crataegus x lavállei	Crataegus carriéri
Crataegus pedicelláta	Crataegus coccínea (zum Teil)
Cýclamen hederifólium	Cýclamen neapolitánum
Cýclamen pupuráscens	Cýclamen europaeum
Dictamnus álbus	Dictámnus fraxinélla
Dorónicum orientále	Dorónicum caucásicum
Dracaena surculósa var. maculáta	Dracaena godseffiána
Dipteracánthus devosiánus	Ruéllia devosiána
Dryópteris affínis	Dryópteris bórreri, Dr. pseudomas
Epiprémnum pinnátum	Rhaphidóphora aurea, Scindápsus aureus
Echevéria púmila var. glauca	Echevéria glauca
Eríca herbácea (umstrittener Fall. Epitheton carnea wieder „legitim")	Eríca cárnea
Eustóma grandiflórum	Eustóma russelliánum

aktuelle Namen	frühere Namen
Fallópia aubértii	Bilderdykia aubértii, Polýgonum aubértii
Fallópia baldschuánica	Bilderdykia baldschuánica, P. baldschuánicum
Festúca cinérea	Festúca glaúca
Fícus deltoídea	Ficus diversifólia
Fícus púmila	Fícus répens, F. stipuláta
Fícus sagittáta	Fícus radícans
Gálium odorátum	Aspérula odoráta
Goniolímon tatáricum	Game Státice tatárica
Gentiána acaúlis	Gentiána kochiána
Gentiána septémfida	Gentiana lagodechiána
Heliánthus atrorúbens	Heliánthus sparsifólius
Heliópsis helianthoídes	Heliópsis scábra
Helictótrichon sempérvirens	Avéna sempérvirens
Heliotrópium arboréscens	Heliotrópium peruviánum
Kalánchoe daigremontiána	Bryophýllum daigremontíanum
Lamiástrum galeóbdolon	Lámium galeóbdolon
Leucóthoe wálteri	Leucóthoe fontanesiána (catesbaéi)
Ligulária dentáta	Ligulária clivórum
Lobulária marítima	Alýssum marítimum
Lonicéra nítida	Lonicéra yunnanénsis
Lýcium bárbarum	Lýcium halimifólium
Nértera granadénsis	Nértera depréssa
Dármera peltáta	Peltiphýllum peltátum
Philodéndron melanochrýsum	Philodéndron andreánum
Phlebódium aúreum	Polypódium aúreum
Pícea ábies	Pícea excélsa
Plátanus x hispánica	Plátanus x hýbrida, Pl. acerifólia
Pínus wallichiána	Pínus griffíthii
Prímula Júliae-Hybriden	Prímula x pruhoniciána
Prímula praénitens	Prímula sinénsis
Prímula vulgáris	Prímula acaúlis
Platycérium bifucátum	Platycérium alcicórne (z. T.)
Quércus róbur	Quércus pedunculáta
Rhododéndron símsii	Azálea índica
Rhododéndron japónicum	Azálea móllis
Rhododéndron lúteum	Azálea póntica, Rh. flávum
Rósa pimpinellifólia	Rósa spinosíssima
Reynoútria japónica	Polygonum cuspidátum
Sálvia víridis	Sálvia hórminum
Saxífraga paniculáta	Saxífraga aizóon
Schlumbérgera-Hybriden	Zygocáctus-Hybriden
Senécio bícolor	Senécio cinerària, Cinerária marítima

aktuelle Namen	frühere Namen
Stáchys byzantína	Stáchys olýmpica, St. lanáta
Thamnocálamus spatháceus	Sinarundinária muríelae
Tília x vulgáris	Tilia europáea, T. x intermédia
Trachycárpus fortúnei	Chamáerops excélsa
Ulmus mínor	Ulmus campéstris, U. carpinifólia
Verónica austríaca	Verónica téucrium
Vibúrnum fárreri	Vibúrnum frágrans
Vibúrnum plicátum f. tomentósum	Vibúrnum tomentósum

Liste der Pflanzenfamilien

Acantháceae	Akanthusgewächse
Aceráceae	Ahorngewächse
Actinidiáceae	Strahlengriffelgewächse
Agaváceae	Agavengewächse
Aizoáceae	Mittagsblumengewächse
Alismatáceae	Froschlöffelgewächse
Amarantháceae	Amarantgewächse
Amaryllidáceae	Amaryllisgewächse
Anacardiáceae	Sumachgewächse
Apiáceae	(Umbellíferae) Doldenblüter
Apocynáceae	Hundsgiftgewächse
Aponogetonáceae	Wasserährengewächse
Aquifoliáceae	Stechpalmengewächse
Aráceae	Aronstabgewächse
Araliáceae	Araliengewächse
Araucariáceae	Araukariengewächse
Arecáceae (Pálmae)	Palmengewächse
Aristolochiáceae	Osterluzeigewächse
Asclepiadáceae	Seidenpflanzengewächse
Asteráceae = Compósitae-Tubuliflórae	Korbblütler mit Röhrenblüten und oft auch Zungenblüten
Azolláceae	Algenfarngewächse
Balsamináceae	Balsaminengewächse
Begoniáceae	Schiefblattgewächse
Berberidáceae	Sauerdorngewächse
Betuláceae	Birkengewächse
Bignoniáceae	Trompetenbaumgewächse
Boragináceae	Boretschgewächse
Brassicáceae	(Crucíferae) Kreuzblütler
Bromeliáceae	Ananasgewächse
Buddlejáceae	Schmetterlingstrauchgewächse
Butomáceae	Blumenbinsengewächse
Buxáceae	Buchsbaumgewächse
Cactáceae	Kakteengewächse
Caesalpiniáceae	Caesalpiniengewächse
Callitricháceae	Wassersterngewächse
Calycantháceae	Gewürzstrauchgewächse
Campanuláceae	Glockenblumengewächse
Cannáceae	Blumenrohrgewächse
Capparáceae	Kaperngewächse

Caprifoliáceae	Geißblattgewächse
Caricáceae	Melonenbaumgewächse
Caryophylláceae	Nelkengewächse
Celastráceae	Spindelbaumgewächse
Cephalotaxáceae	Kopfeibengewächse
Ceratophylláceae	Hornblattgewächse
Cercidiphylláceae	Katsurabaumblattgewächse
Chenopodiáceae	Gänsefußgewächse
Cichoriáceae = Comp.-Liguliflórae	Korbblütler nur mit Zungenblüten
Cistáceae	Zistrosengewächse
Clethráceae	Scheinellergewächse
Commelináceae	Commelinengewächse
Compósitae	Korbblütler (Asteráceae u. Cichoriáceae)
Convolvuláceae	Windengewächse
Coriariáceae	Gerberstrauchgewächse
Cornáceae	Hartriegelgewächse
Corynocarpáceae	Karakabaumgewächse
Crassuláceae	Dickblattgewächse
Crucíferae	Kreuzblütler siehe alternativ bei **Brassicáceae**
Cucurbitáceae	Kürbisgewächse
Cupressáceae	Zypressengewächse
Cyatheáceae	Becherfarngewächse
Cycadáceae	Palmfarngewächse
Cyclantháceae	Scheibenblumengewächse
Cyperáceae	Riedgräser, Sauergräser
Dicksoniáceae	Dicksoniengewächse
Dioscoreáceae	Yamswurzelgewächse
Dipsacáceae	Kardengewächse
Droseráceae	Sonnentaugewächse
Ebenáceae	Ebenholzgewächse
Elaeagnáceae	Ölweidengewächse
Empetráceae	Krähenbeerengewächse
Epacridáceae	Australheidegewächse
Equisetáceae	Schachtelhalmgewächse
Ericáceae	Heidekrautgewächse
Euphorbiáceae	Wolfsmilchgewächse
Fabáceae	Schmetterlingsblütler
Fagáceae	Buchengewächse
Ficoidáceae =	Mesembryanthemáceae Mittagsblumengewächse siehe gültig bei **Aizoáceae**

Gentináceae	Enziangewächse
Geraniáceae	Storchschnabelgewächse
Gesneriáceae	Gesneriengewächse
Ginkgoáceae	Ginkgogewächse
Gleicheniáceae	Gleicheniengewächse
Globulariáceae	Kugelblumengewächse
Gramíneae	Echte Gräser, Süßgräser, alternativ auch **Poáceae**
Haloragáceae	Meerbeerengewächse
Hamamelidáceae	Zaubernußgewächse
Hippocastanáceae	Roßkastaniengewächse
Hippuridáceae	Tannenwedelgewächse
Hydrocharitáceae	Froschbißgewächse
Hydrophylláceae	Wasserblattgewächse
Hypericáceae	Johanniskrautgewächse (Guttíferae)
Iridáceae	Schwertliniengewächse
Juglandáceae	Walnußgewächse
Juncáceae	Binsengewächse
Lamiáceae (Labiátae)	Lippenblütler
Lardizabaláceae	Lardizabalagewächse
Lauráceae	Lorbeergewächse
Lecythidáceae	Krukenbaumgewächse
Leguminósae =	Hülsenfrüchtler
Fabáles	sind eine Ordnung, aufgeteilt in die Familien:
Mimosáceae	Mimosengewächse
Caesalpiniáceae	Caesalpiniengewächse
Fabáceae	Schmetterlingsblütler
Lemnáceae	Wasserlinsengewächse
Lentibulariáceae	Wasserschlauchgewächse
Liliáceae	Liliengewächse
Limnantháceae	Sumpfblumengewächse
Lináceae	Leingewächse
Loasáceae	Loasagewächse
Loganiáceae	Loganiengewächse
Loranthάceae	Mistelgewächse
Lythráceae	Weiderichgewächse
Magnoliáceae	Magnoliengewächse
Malváceae	Malvengewächse
Marantáceae	Marantagewächse
Marsileáceae	Kleefarngewächse
Melastomatáceae	Schwarzmundgewächse

Menyantháceae	Bitterkleegewächse
Menispermáceae	Mondsamengewächse
Mesembry-anthemáceae	Mittagsblumengewächse siehe gültig bei **Aizoaceae**
Mimosáceae	Mimosengewächse
Moráceae	Maulbeerbaumgewächse
Musáceae	Bananengewächse
Myricáceae	Gagelgewächse
Myristicáceae	Muskatnußbaumgewächse
Myrsináceae	Myrsinengewächse
Myrtáceae	Myrtengewächse
Nepentháceae	Kannenstrauchgewächse
Nyctagináceae	Wunderblumengewächse
Nymphaeáceae	Seerosengewächse
Oleáceae	Ölbaumgewächse
Onagráceae	Nachtkerzengewächse (Oenotheráceae)
Orchidáceae	Orchideen, Knabenkrautgewächse
Orobancháceae	Sommerwurzgewächse
Osmundáceae	Königsfarngewächse
Oxalidáceae	Sauerkleegewächse
Paeoniáceae	Pfingstrosengewächse
Pálmae	Palmen siehe auch **Arecáceae**
Pandanáceae	Schraubenbaumgewächse
Papaveráceae	Mohngewächse
Papilionáceae	Schmetterlingsblütler siehe korrekt bei **Fabáceae**
Parkeriáceae	Parkeriengewächse
Passifloráceae	Passionsblumengewächse
Phytolaccáceae	Kermesbeergewächse
Pináceae	Kieferngewächse
Piperáceae	Pfeffergewächse
Pittosporáceae	Klebsamengewächse
Plantagináceae	Wegerichgewächse
Platanáceae	Platanengewächse
Plumbagináceae	Bleiwurzgewächse
Poáceae	Echte Gräser, Süßgräser
Polemoniáceae	Sperrkrautgewächse
Polygonáceae	Knöterichgewächse
Polypodiáceae	Tüpfelfarngewächse i. w. S. (siehe Nachtrag zur Liste der Pflanzenfamilien)
Pontederiáceae	Pontederiagewächse
Portulacáceae	Portulakgewächse
Potamogetonáceae	Laichkrautgewächse

Primuláceae	Primelgewächse
Proteáceae	Proteengewächse
Punicáceae	Granatapfelgewächse
Ranunculáceae	Hahnenfußgewächse
Resedáceae	Resedagewächse
Rhamnáceae	Kreuzdorngewächse
Rosáceae	Rosengewächse
Rubiáceae	Krappgewächse
Rutáceae	Rautengewächse
Salicáceae	Weidengewächse
Salviniáceae	Schwimmfarngewächse
Sapindáceae	Seifenblumengewächse
Saxifragáceae	Steinbrechgewächse (siehe Nachtrag zur Liste der Pflanzenfamilien)
Schizaeáceae	Schizaeagewächse
Scrophulariáceae	Braunwurzgewächse
Selaginalláceae	Mooskrautgewächse
Simaroubáceae	Bittereschengewächse
Solanáceae	Nachtschattengewächse
Staphyleáceae	Pimpernußgewächse
Sterculiáceae	Sterkuliengewächse
Styracáceae	Styraxbaumgewächse
Tamaricáceae	Tamariskengewächse
Taxáceae	Eibengewächse
Taxodiáceae	Taxodiumgewächse
Theáceae	Teestrauchgewächse
Thymelaeáceae	Seidelbastgewächse
Tiliáceae	Lindengewächse
Trapáceae	Wassernußgewächse
Tropaeoláceae	Kapuzinerkressengewächse
Typháceae	Rohrkolbengewächse
Ulmáceae	Ulmengewächse
Umbellíferae	Doldenblütler siehe alternativ bei **Apiáceae**
Urticáceae	Nesselgewächse
Valerianáceae	Baldriangewächse
Verbenáceae	Verbenengewächse
Violáceae	Veilchengewächse
Vitáceae	Weinrebengewächse
Zingiberáceae	Ingwergewächse

Hinweise: Leidig ist (und bleibt auch noch) die lt. Art. 18.5 des ICBN bestehende Möglichkeit, einige alte Familiennamen weiterhin mit -*ae* auslaufen zu lassen (*Crucíferae, Labiátae* usw.) oder aber für sie Namen mit -*aceae* zu schaffen (*Brassicáceae, Lamiáceae* usw.). Auf diese alternativen Gegebenheiten ist in unserem Verzeichnis der Pflanzenfamilien betont eingegangen worden.

Zu dem „Problemfall" der *Compositen* siehe S. 117 im Nachtrag zur Liste der Pflanzenfamilien. *Ficoidáceae* = *Mesembryanthemáceae* sind längst *Aizoáceae* geworden, die alten Namen der Familie waren aber in den ersten Auflagen des Buches noch aktuell, sind jetzt jedoch nur noch in historischer Sicht erwähnenswert. Stolpersteine sind weiterhin die *Leguminósae.* Man sollte sie nicht mehr als Familie ansehen, sondern als Ordnung führen, dann aber *Fabáles* nennen und ihnen, wie im Buch geschehen, die drei selbständigen Familien *Mimosáceae, Caesalpiniáceae* und *Fabáceae* zusprechen. Die weitere Selbständigkeit der *Caesalpiniaceaen* wird nicht selten abgelehnt, ist jedoch insofern möglich, als bei ihnen die echte Schmetterlingsblüte der *Fabaceen* noch nicht vollständig vorliegt.

Nachtrag zur Liste der Pflanzenfamilien

Saxifragáceae (Steinbrechgewächse) sind nach Ansicht einiger Pflanzensystematiker nur **krautige** Pflanzen mit zwei mehr oder weniger verwachsenen Fruchtblättern und deutlich **unterständigem** Fruchtknoten. Im wesentlichen handelt es sich in diesem Fall um Arten der Gattung *Saxífraga.*

Oberständige Fruchtknoten aufweisende **verholzte** Arten z. B. der Gattungen *Philadélphus* (Pfeifenstrauch) und *Hydrangéa* (Hortensie), in diesem Buch herkömmlicherweise zu den Steinbrechgewächsen gerechnet, werden dann als **Hydrangeáceae** (Hortensiengewächse) zusammengefaßt.

Sofern aber herkömmliche **holzige** Saxifragaceae **unterständige** Fruchtknoten und außerdem **Beerenfrüchte** haben, z. B. die *Ribes*-Arten (Stachelbeere und Johannisbeere), kann man sie gleichermaßen selbständig als **Grossulariáceae** (Stachelbeergewächse) führen.

Polypodiáceae (Tüpfelfarngewächse) sind von allen Farnpflanzenfamilien gartenbaulich am bedeutungsvollsten und lassen sich u. a. neu aufteilen in
Adiantáceae (Fraunhaarfarngewächse) mit der Gattung *Adiántum*
Aspidiáceae (Schildfarngewächse) mit den Gattungen *Rumóhra, Cyrtomium, Dryópteris, Polýstichum*
Aspleniáceae (Streifenfarngewächse) mit den Gattungen *Asplénium* und *Phyllítis*
Athyriáceae (Frauenfarngewächse) mit den Gattungen *Athyríum, Cystópteris*
Blechnáceae (Rippenfarngewächse) mit den Gattungen Bléchum und *Woodwárdia*
Cryptogrammáceae (Rollfarngewächse) mit der Gattung *Onýchium*
Davalliáceae (Davalliengewächse) mit der Gattung *Davállia*
Dennstaediáceae (Schlüsselfarngewächse) mit den Gattungen *Microlépia* und *Dennstǽdtia*
Elaphoglossáceae (Zungenfarngewächse) mit der Gattung *Elaphoglóssum*
Lomariopsidáceae (deutscher Name?) mit der Gattung *Lomariópsis*
Onocleáceae (Perlfarngewächse) mit den Gattungen *Onóclea, Mattéuccia*
Nephrolepidáceae (Nierenschuppenfarngewächse) mit der Gattung *Nephrólepis*
Polypodiáceae (Tüpfelfarngewächse) mit den Gattungen *Platycérium* und *Polypódium* (Restbestand der alten Familie)
Pteridáceae (Saumfarngewächse) mit der Gattung *Ptéris*, die von manchen Autoren zu den *Acrostichaceen* gerechnet wird
Pteridiáceae (Adlerfarngewächse) mit der Gattung *Pterídium*, die man mitunter auch zu den *Hypolepidaceen* rechnet
Sinopteridáceae (deutscher Name?) mit der Gattung *Pellǽa.*

Schriftliche Mitteilung aus dem Bot. Institut der Universität Wien an den Verfasser: „Diese Farnfamilien raten wir bis auf weiteres in dieser Form im Nachtrag zu belassen.

Gegenwärtig gibt es zwei entgegengesetzte ‚Schulen‘: die einen Farnwissenschaftler splittern die ehemaligen Polypodiaceen in noch kleinere Familien auf, andere versuchen die Synthese zu größeren Familien als der hier gebotene Mittelweg. Wissenschaftlich ist das letzte Wort noch nicht gesprochen, da man über vieles einfach noch zu wenig weiß.”

Compósitae (Korbblütler) unterteilt man heute entweder in zwei selbständige Familien (Asteráceae und Cichoriáceae), oder bleibt bei der großen Gesamtfamilie, dann allerdings auch Asteráceae genannt, aber differenziert in die Unterfamilien Asteroídeae = Compósitae-Tubuliflóra und Cichorioídeae = Compósitae-Liguliflórae. In diesem Buch ist die zuerst genannte Konzeption eingehalten worden.

Betuláceae (Birkengewächse) im weiteren Sinn werden heute gelegentlich aufgespalten in **Betuláceae im engeren Sinn** (*Bétula* und *Alnus*) und **Coryláceae** (Haselnuß- oder Haselstrauchgewächse) mit den Gattungen *Córylus* und *Carpínus*. Die Fassung im weiteren Sinn kann bevorzugt werden.

Liliáceae unterliegen gegenwärtig einer „Zersplitterung” in etliche Kleinfamilien. Darauf kann erst in späteren Auflagen eingegangen werden.

Goodeniáceae sind in diesem Buch jetzt aufgeführt durch die Gattung *Scǽvola*, die, wie alle Vertreter der Familie, Australien als Heimat hat.

Sarraceniáceae lassen sich durch ihre Eigenschaft des Insektenfangs charakterisieren und werden zum Zweck der Sortimentsbereicherung beachtenswerter. Im Buch ist die Gattung *Darlingtonia* mit einer Art erwähnt.

Saururáceae, auch Molchschwanzgewächse genannt, sind eine sehr artenarme Familie und im Buch durch *Houttuýnia cordáta* vertreten.

Casuarináceae, Känguruhbaumgewächse, typisch für das Florenreich Australiens, werden jetzt auch in diesem Buch geführt. Sie sind vertreten durch *Casuarína equisetifólia.*

Annonácceae nennt man bei uns Rahmapfelgewächse. Zu ihnen gehört u. a. die Cherimoya-Pflanze.

Basselláceae, Basellgewächse, den Portulakgewächsen nahestehend, sind bei den Annuellen durch *Basélla álba* erwähnt.

Bombáceae, die Flaschenbaumgewächse, sind eine Pflanzenfamilie, zu denen u. a. auch Durianbäume gehören, die eßbare exotische Früchte haben.

Illiciáceae liefern mit ihrer Art *Illícium vérum* Sternanis.

Malpighiáceae finden jetzt Erwähnung durch *Malpíghia glábra*, der wir die Acerola-Früchte verdanken.

Sapotáceae (Sapotegewächse), nun ausgwiesen durch *Manilkára zapóta* (Sapodilla), dürfen nicht verwechselt werden mit den in diesem Buch schon immer erwähnten Sapindaceen, den Seifenbaumgewächsen.

Unmittelbar vor Herausgabe dieser Neuauflage wurden noch aufgenommen die Familien **Diapensiáceae** (Diapensiengewächse) vorkommend in der nördlichen Hemisphäre, mit *Gálax urceoláta*, dem gegenwärtig floristisch sehr geschätzten Bronzeblatt, und **Ochnáceae** (Ochnagewächse), eine Familie aus Afrika und Asien, mit der „wieder entdeckten“ Zierpflanzenart *Óchna serruláta.*

Einordnungen von Familien, Gattungen und Arten in die Reihenfolge der Rangstufen

(demonstriert am Beispiel des Wirsingkohls)

Im Mittelpunkt dieses Buches stehen Familie, Gattung und Art. Diese sollen nachfolgend am genannten Beispielsfall in ein vorgegebenes Rangstufenschema eingebaut werden.

Imperium (Überreich)	Eucary**ota** (Lebewesen mit echten Zellkernen)
Regnum (Reich)	Plano**biota**
Divisio (Abteilung)	Spermato**phyta** Samenpflanzen
Subdivisio (Unterabteilung)	Magnolio**phytina** (Angiospermae), Decksamer
Classis (Klasse)	Magnoli**opsida** (Dicotyledoneae), Zweikeimblättrige
Subclassis (Unterklasse)	Dilleni**idae**
Ordo (Ordnung)	Cappar**ales**
Familia (Familie)	Brassic**áceae** (Crucíferae), Kreuzblütler
Genus (Gattung)	**Brássica** Kohl
Species (Art)	**olerácea** zum Verzehr geeignet
Subspecies (Unterart)	olerácea Wildkohl
Convarietas	*capitáta* Varietätengruppe mit „Kopfbildung"
Varietas (Varietät)	*sabauda*, Wirsing
Cultivar (Sorte)	'Vorbote'

Durch Hervorhebung im Druck ist auffällig gemacht worden, daß von der Familie aufwärts die Namen der Taxa (Sippen) bestimmte Endungen haben. Ferner läßt sich Wirsing lediglich als Varietät der Stammart **Brássica olerácea** erkennen. Nicht anders verhält es sich bei den anderen vermeintlichen Kohl-Arten, wobei dann allerdings die Namen für Covarietas und Varietas anders lauten. Im übrigen sind zur sicheren Benennung selten 4 Glieder im Gesamtnamen erforderlich, auch die trinäre Nomenklatur kommt nicht gerade oft zum Einsatz. In der Mehrzahl der Fälle reicht die binäre Angabe hinreichend aus, wie dieses Buch unter Beweis stellt.

Alphabetische Aufstellung der Artbezeichnungen mit gleichzeitiger Übersetzung

Die Artbezeichnungen, *Epitheta*, dürfen keinesweigs in jedem Fall pflanzenbeschreibend (phytographisch) gewertet werden. Dennoch haben sie nicht selten eine gewisse, wenn auch bescheidene Aussagekraft über die jeweilige Pflanze. Viele der *Epitheta* sind Eigenschaftswörter (z. B. *acetósus* = sauer). Vollständig müßte eigentlich geschrieben werden: *acetósus*, -a, -um, und zwar in der Reihenfolge männlich = *masculinum* (m.), weiblich = *femininum* (f.) und sächlich = *neutrum* (n.). Aus Platzeinsparungsgründen ist nur die männliche Endung (-us) angeführt worden, abgesehen von bestimmten Abweichungen, wie *ácer, ácris, ácre* = scharf, *cerásifer, cerasífera, cerasíferum* = kirschentragend oder *móllis* (m., f.) und *mólle* (n.) = weich.

Bei solchen lateinischen Eigenschaftswörtern richtet sich fast stets die vorzunehmende (richtige!) Endung nach dem Geschlecht der in Frage kommenden Gattungsnamen*(Senécio viscósus, Prímula obcónica, Ácer saccharínum, Prúnus cerasifera, Rhododéndron mólle).*

Sind die Epitheta Mittelwörter der Gegenwart (z. B. répens = kriechend) ist Zuständigkeit für die drei Geschlechter ohne Endungsänderung gegeben, desgleichen bei Bildungen auf -oides (-ähnlich, -artig) und gelegentlich werden Hauptwörter nicht dekliniert (z. B. *Dracáena dráco*, nicht *D. dracónis*). In der ersten Steigerungsstufe, dem Komparativ, lauten die Endungen -or (m., f.) und -us (n.), wie man es z. B. bei *Prímular elátior* (wörtlich übersetzt „höhere Primel") und *Arctium minus* („kleinere Klette" in korrekter Übersetzung) findet.

Gelegentlich handelt es sich um Namen aus Eingeborenensprachen (Vernakularnamen). Als Beispiel sei genannt der indische Name cát(h)echu für *Áreca cátechu*, die Betelnußpalme. In Klammern stehende Buchstaben weisen auf unterschiedliche Schreibweisen hin.

Nicht Berücksichtigung finden in der nachfolgenden Aufstellung solche *Epitheta*, die als Personennamen betrachtet werden müssen, nämlich etwa *thunbérgii* = des Thunberg, *juliánae* = der Juliane oder *breweriána* in *Picea breweriána* (Brewers Fichte = Mähnenfichte). Nicht berücksichtigt werden ferner altgriechische Ableitungen. Sie sind in manchen Fällen an sich unumgänglich, würden aber schon der anderen Buchstaben wegen den gegebenen Rahmen sprengen.

ábies	antiker Name
abrotanifólius	eberrauten-blättrig
absínthium	Wermut
abyssínicus	abessinisch
acanthifólius	akanthusblättrig
acánthium	Stachel-
acáulis, acáule	stengellos
acéphalus	kopflos
ácer, ácris, ácre	scharf
acerifólius	ahornblättrig
acetoséllus	säuerlich
acetósus	sauer
achilleifólius	achilleablättrig

aciculáris	nadelspitzig
ácidus	sauer
acinacifólius	säbelblättrig
acinacifórmis, acinacifórme	säbelförmig
aconitifólius	eisenhutblättrig
acrostichóides	Acrostichum-ähnlich
acrótrichus	spitzhaarig
actinophýllus	strahlenblättrig
aculeátus	stachelspitzig
acuminátus	zugespitzt
acutiflórus	spitzblütig
adenóphorus	drüsentragend
adenophýllus	drüsenblättrig
adiantifórmis, adiantifórme	Adiantum-ähnlich
adpréssus	angedrückt
ǽgilops	griech. Name
ǽmulus	ähnlich
aesculifólius	roßkastanienblättrig
aestivális	sommerlich
aethiópicus	aethiopisch
áfer, áfra, áfrum	afrikanisch
affínis, affíne	verwandt
africánus	afrikanisch
agavifólius	agavenblättrig
agavoídes	agavenähnlich
ageratifólius	leberbalsamblättrig
ágnus-cástus	keusches Lamm
agréstis	Acker-
ailantifólius	götterbaumblättrig
aizoídes	Aizoon-ähnlich
aizóon	immergrün (Pfl. N.)
ajácis	griech. Name
alátus	geflügelt
alnifólius	erlenblättrig
álbicans	weißlich
álbidus	weißlich
albiflórus, álbiflos	weißblütig
albopilósus	weißhaarig

álbus	weiß
álcea	antiker Name
alcicórnis, alcicórne	elchgeweihartig
aléppicus	aus Aleppo
alismoídes	froschlöffelähnlich
alkekéngi	arab. Name
alliariifólius	lauchkrautblättrig
alnifólius	erlenblättrig
aloídes	aloeähnlich
aloifólius	aloeblättrig
alopecuroídes	Fuchsschwanzähnlich
alpéstris, alpéstre	Alpen-
alpínus	Alpen-
altaclarénsis, altaclarense	aus High Clerk
altáicus	Altai-
alternifólius	mit wechselständigen Blüten
althaeoídes	Althaea-ähnlich
altíssimus	sehr hoch
amábilis, amábile	lieblich
amarantícolor	amarantfarben
amárus	bitter
amazónicus	Amazonas-
ambíguus	zweifelhaft
amblýodon	stumpfzähnig
amelloídes	amellusähnlich
americánus	amerikanisch
amethýstinus	amethystfarben
amœ́nus	anmutig
ampelóprasum	Weinbergslauch
amphíbius	amphibisch
amplexicáulis, amplexicáule	stengelumfassend
amurénsis, amurénse	Amur-
amygdálinus	mandelartig
anacámpseros	Liebesrückbringer
anagyroídes	Anagyris-ähnlich
ananássa	Ananas

ánceps	zweischneidig
androsǽmum	gr. Name
anemonifólius	anemonen-blättrig
ánglicus	englisch
anguláris, anguláre	kantig
angustifólius	schmalblättrig
anísum	antiker Name
ánnuus	einjährig
anómalus	abnorm
anserínus	gänselieb
antárcticus	antarktisch
anthóra	gegen Gift
aparíne	griech. Name
apennínus	von den Apenninen
apétalus	kronblattlos
aphýllus	blattlos
apiculátus	fein zugespitzt
apiifólius	sellerieblättrig
ápodus	stengellos
applanátus	abgeflacht
aquáticus	Wasser-
aquátilis, aquátile	Wasser-
aquifólium	antiker Name
aquilegifolius	akeleiblättrig
aquilínus	Adler-
arábicus	arabisch
arachnoídes	spinnwebartig
arachnoídeus	spinnwebartig
araucánus	Arauco-
arboréscens	baumartig
arbóreus	baumartig
aborícolus	baumbewohnend
archangélica	Engelwurz
árcticus	arktisch
arctótis	Bärenohr-
arcuátus	bogenförmig
arenárius	Sandboden-
argénteus	silbrig
argútus	spitzig
argyrǽus	silbrig
argyronéurus	silbenadrig
ária	antiker Name
arietínus	mit Hörnern
arifólius	Blätter wie Arum
ariifólius	mehlbeerblättrig
aristátus	begrannt
arizónicus	Arizona-
armátus	bewaffnet
armeníacus	armenisch
aromáticus	würzig
arrhízus	wurzellos
articulátus	gegliedert
arundináceus	schilfrohrartig
arvénsis, arvénse	Acker-
ascalónicus	Askalon-
asellifórmis, asellifóme	asselförmig
asclepiádeus	Asclepias-ähnlich
asiáticus	asiatisch
asparagoídes	spargelähnlich
ásper, áspera, ásperum	rauh
aspérrimus	sehr rauh
asplenifólius	Blätter wie Asplenium
astérias	Seestern
atlánticus	altantisch, Atlas-
atrátus	geschwärzt
atropurpúreus	dunkelpurpurrot
atrorúbens	dunkelrot
atrosanguíneus	dunkelblutrot
atrovírens	dunkelgrün
attenuátus	verschmälert
aucupárius	für Vogelfang
aurantíacus	orangerot
aurátus	goldig
aureus	goldbelb
auriculátus	ohrförmig
aurítus	geöhrt
austrális	südlich
austríacus	österreichisch
autumnális, autumnále	Herbst-
avellána	Abella-
avenáceus	haferartig
aviculáris,	Vogel-

aviculare	
avium	Vogel-
axilláris,axillare	achselständig
axíphius	ohne schwertf. Früchte
azúreus	himmelblau
baccátus	mit Beeren
balcánicus	Balkan-
baldschuánicus	Baldschuan-
balsámeus	balsamisch
balsámifer, balsamífera balsamíferum	Balsam liefernd
banáticus	Banat-
barbadénsis	Barbados-
bárbarus	fremd
barbátus	bärtig
basális	grundständig
basílicum	köngliche Heilpfl.
batátas	Pflanzenname auf Haiti
bavároicus	bayrisch
beharénsis	Behara-
belladónna	schöne Frau
bellidifórmis, bellidifórme	Bellis-artig
béllus	schön
benedíctus	gesegnet
beng(h)alénsis	Bengalen-
bétulus	birkenähnlich
bícolor	zweifarbig
bicórnis, bicórne	mit 2 Hörnern
biénnis, biénne	zweijährig
bífidus	zweispaltig
biflórus	zweiblütig
bifólius	zweiblättrig
bifurcátus	gegabelt
bignonioídes	Bignonia-ähnlich
bílobus	zweilappig
bipartítus	zweiteilig
bipinnatífidus	doppelt fiederspaltig
bipinnátus	doppelt gefiedert
bispórus	zweisporig

bivittátus	mit 2 Bändern
blándus	angenehm
blepharophýllus	wimperblättrig
bombýcinus	seidenwollig
bononiénsis, bononiénse	Bologna-
boreális, boreále	nördlich
botryoídes	traubenähnlich
botrýtis	traubig
bracteátus	mit Deckblättern
brasiliénsis, brasiliénse	brasilianisch
brevipedunculátus	kurzgestielt
breviscápus	kurzschäftig
bromelioídes	Bromelia-ähnlich
bryoídes	moosähnlich
búlbifer, bulbífera, bulbíferum	zwiebeltragend
bulbocódium	antiker Pfl. N.
bulbósus	Zwiebel-
bullátus	blasig
búrsa-pastóris	Hirtentasche
buxifólius	buchsbaumblättrig
byzant(h)ínus	Istambul-
cacáo	mexik. Name
caeléstis, caeléste	himmelblau
caeruléscens	bläulich
caerúleus	blau
caésius	blaugrau
caespitósus	rasenbildend
cáffrus	Kaffern-
calábricus	von Kalabrien
cálamus	Rohr-
califórnicus	kalifornisch
callitrichoídes	Callitrichum-ähnlich
callósus	schwielig
calýcinus	Kelch-
camára	Kammer
campanulátus	glockenförmig
campéster,	Feld

campéstris, campéstre	Feld-
canadénsis, canadénse	kanadisch
canariénsis, canariénse	kanarisch
cándicans	weißwerdend
candídulus	weiß
cándidus	reinweiß
canéscens	grau werdend
canínus	hundsgemein
cannábinus	hanfartig
cantábricus	Kantabrien-
capénsis, capénse	Kap-
caperátus	gerunzelt
capillifórmis, capillifórme	haarförmig
capíllus-véneris	Venushaar
capitátus	kopfförmig
capreolátus	gabelrankig
cápreus	Ziegen-
caprifólium	Geißblatt
capsicástrum	Capsicum-ähnlich
cáput-medúsae	Medusenhaupt
carambóla	ind. Name
cardíaca	Herz- oder Magenmittel
cardinális, cardinále	scharlachrot
cardúnculus	Kardone
cáricus	karisch
carinátus	gekiehlt
carinthíacus	Kärntner-
cárneus	fleischfarben
carniólicus	Krainer-
carnósus	fleischig
caroliniánus	Carolina-
caróta	Karotte
carpáticus	Karpaten-
carpinifólius	hainbuchen-blättrig
carthusiánorum	Kartäuser-
carví	arab. Name
caryophýllus	Nelke

catawbiénsis, catawbiénse	Katawba-
cát(h)echu	ind. Name
cathárticus	abführend
caucásicus	kaukasisch
caudátus	geschwänzt
cauliflórus	stammblütig
cauléscens	stengelig
cautícola	Felsenbewohner
celatocáulis, celatocáule	mit verstrecktem St.
célticus	keltisch
cémbra	antiker Name
centifólius	hundertblättrig
cépa	Zwiebel
cephalónicus	Kephalonia-
cerásifer, cerasífera, cerasíferum	kirschentragend
cérasus	Kirsche
ceratocáulus	hornstengelig
cerefólius	wachsblättrig
cérnuus	nickend
cérris	Zerreiche
cervínus	hirschartig
chalcedónicus	Chalcedon-
chalybáeus	stahlblau
chamaecístus	Zwergzistrose
chamaeyparíssus	Zwergzypresse
chamáedrys	Zwergeiche
chamomílla	Kamille
chamáemorus	Zwergmaulbeere
cheiranthoídes	goldlackähnlich
chéiri	arab. Name
chilénsis, chilénse	chilenisch
chiloénsis, chiloénse	Chiloe-
chinénsis, chinénse	chinesisch
chloránthus	grünblühend
chrysacanthus	golddornig
chrysanthus	goldgelbblühend
cíclus	sizilianisch
cicutárius	wasserschier-lingsartig

ciliáris, ciliáre	bewimpert
ciliátus	bewimpert
cinéreus	aschgrau
cinnabárinus	zinnoberrot
circinális, circinále	kreisförmig
citriodórus	nach Zitr. duftend
clandonénsis, clandonense	Clandon-(Engl.)
clavarioídes	keulenähnlich
clavátus	keulenförmig
clethroídes	Cletra-ähnlich
clivórum	Hügel-
clypeátus	schildartig
cneórum	griech. Name
coccíneus	scharlachrot
cochleáris, cochleáre	löffelartig
coeléstis, coeléste	himmelblau
cóeli-rósa	Himmelrosa
coggýgria	antiker Name
cólchicus	Schwarzmeer-
collínus	Hügel-
columnáris, columnáre	säulenartig
colúrnus	Hasel-
comátus	schopfig
commúnis, commúne	gewöhnlich
commutátus	verändert
comósus	schopfig
compáctus	kompakt
compréssus	zusammengedrückt
concínnus	angenehm
cóncolor	einfarbig
conditívus	zum Einlegen bestimmt
confúsus	verkannt
congéstus	gedrängt
cónicus	konisch
consólidus	massiv
conspícuus	ansehnlich
contórtus	gewunden
controvérsus	umstritten
convéxus	gewölbt
convólvulus	Winde
cordátus	herzförmig
cordifólius	herzblattrig
corniculátus	gehörnt
cornútus	gehörnt
coronárius	kronenartig
coronátus	kranzartig
corymbósus	doldentraubig
costátus	gerippt
cotylédon	Becher
cóum	von der Insel Kos
crácca	lat. Name
crassifólius	dickblättrig
crássipes	dickfüßig
crássus	dick
crenátus	gekerbt
créticus	Kreta-
crinítus	langhaarig
crispátus	gekräuselt
críspus	kraus
crísta-gálli	Hahnenkamm
cristátus	kammförmig
crocátus	krokusfarben
cróceus	gelb
crocosmiiflórus	mit Blüten wie Crocosmia
cruciátus	gekreuzt
cruéntus	blutrot
crús-gálli	Hahnensporn
crystállinus	kristallartig
cucúbalus	lat. Name
culináris, culináre	Küchen-
cultórum	Zucht-
cupressoídes	zypressenartig
cuneátus	keilförmig
cupreátus	kupferfarben
cúpreus	kupferfarben
curvátus	gekrümmt
cuspidátus	stachelspitzig
cyáneus	dunkelblau
cyanophýllus	dunkelblaublättrig
cyathistípulus	mit becherf. Nebenbl.

cýclops	rund
cylíndricus	walzenförmig
cymbaléria	Zymbelkraut
cymósus	trugdoldig
cynápium	Hundspetersilie
cyparíssias	zypressenartig
cythéreus	Tahiti-
dactýlifer, dactylífera, dactylíferum	datteltragend
dactylifólius	fingerblättrig
dáctylon	Finger
dahúricus	dahurisch
damascénus	Damaskus-
dánicus	dänisch
daphnoídes	seidelbastähnlich
dasyphýllus	rauhblättrig
daucifólus	möhrenblättrig
dealbátus	weiß bestäubt
débilis, débile	schwach
decapétalus	mit 10 Kronblättern
decíduus	hinfällig
decórus	schön, stattlich
decumánus	sehr groß
decúmbens	niederliegend
decúrrens	herablaufend
decussátus	kreuzweise gegenständig
deliciósus	köstlich
deltoídes	deltaförmig
demérsus	untergetaucht
déns-cánis	Hundezahn
densiflórus	dichtblütig
dentátus	gezähnt
denticulátus	feingezähnt
denudátus	entblößt
deódara	Götterbaum
dereménsis, dereménse	Derema-
diacánthus	zweistachelig
didymobótryus	doppeltraubig
dídymus	doppelt
digitátus	gefingert
dimórphus	verschiedengestaltig
dioícus	zweihäusig
diphýllus	zweiblättrig
dípterus	zweiflügelig
dipterocárpus	mit zweifl. Frucht
díscolor	verschiedenfarbig
disséctus	geschlitzt
distáchyus	zweiährig
dístichus	zweizeilig
divaricátus	sperrig
diversifólus	verschiedenblättrig
dolabrátus	beilförmig
doliifórmis, doliifórme	faßförmig
doméstieus	Haus-
dónax	Pfeilrohr
drába	Hungerblume
dráco	Drache
dracúnculus	Schlangenwurz
drupáceus	steinfruchtartig
dúbius	zweifelhaft
dulcamárus	bittersüß
dúlcis, dúlce	süß
dumetórum	Hecken-
dumósus	buschig
dúrior, dúrius	härter
duriúsculus	härtlich
dúrus	hart
ébenum	Ebenholz
echinátus	igelstachelig
echioídes	Echium-artig
edúlis, edúle	eßbar
effúsus	ausgebreitet
eglantéria	wilde Rose
elásticus	elastisch
elátior, elátius	höher
elátus	hoch
élegans	zierlich
elegantíssimus	sehr zierlich
elephántipes	elefantenfußartig
elongátus	verlängert
émblica	Pfl. N. in Bengalen

emódi	Emodus-
endívia	antiker Name
ensátus	schwertförmig
ensifólius	schwertblättrig
ensifórmis, ensifórme	schwertförmig
epíthymum	auf Thymian
eréctus	aufrecht
eriacánthus	wolldornig
ericoídes	Erika-ähnlich
erináceus	igelstachelig
erínus	antiker Name
erubéscens	rotwerdend
erythrophýllus	rotblättrig
erythrópodus	rotstielig
erythrosépalus	mit roten Kelchblättern
esculéntus	eßbar
euchlórus	freudiggrün
europǽus	europäisch
exaltátus	hochgewachsen
excélsior, excélsius	erhabener
excélsus	erhaben
excísus	ausgeschnitten
exímius	ausgezeichnet
expánsus	ausgedehnt
fába	antiker Name
fabáceus	bohnenartig
falcátus	sichelförmig
fárfarus	mehlig bestäubt
farináceus	mehlig bestäubt
farinósus	mehlig bestäubt
fasciátus	gebändert
fastigiátus	pyramidal
fátuus	geschmacklos
fenestrális	fensterartig
férox	stark bewehrt
ferrugíneus	rostfarben
fértilis, fértile	fruchtbar
ficárius	feigenartig
ficifólius	feigenblättrig
ficoídes	feigenähnlich
filamentósus	fädig
filiculoídes	kleinem Farn ähnlich
filíferus	fadentragend
filifórmis, filifórme	fadenförmig
filipendulínus	Filipendula-artig
filix-fémina	weiblicher Farn
filix-mas	männlicher Farn
fimbriátus	gefranst
fistulósus	röhrig
flabellátus	fächerartig
flabellifórmis, flabellifórme	fächerförmig
fláccidus	schlaff
flagellifórmis, flagellifórme	peitschenförmig
flámmeus	feuerrot
flámmula	Flämmchen
flavéscens	gelbwerdend
flávus	gelb
flexuósus	gebogen
floccósus	flockig
floribúndus	reichblütig
flóridus	blütenreich
flós-sucúli	Kuckucksblume
flúitans	flutend
fluminénsis, fluminénse	Rio de Janeiro-
fluviátilis, fluviátile	Fluß-
fœ́tidus	stinkend
foliósus	blattreich
formósus	schön
frágilis, frágile	zerbrechlich
frágrans	duftend
frainétto	altfranz. Pfl. N.
fraxinifólius	eschenblättrig
frutéscens	halbstrauchig
frúticans	strauchig
fruticósus	strauchig
fúlgens	leuchtend
fúlgidus	leuchtend
fúlvidus	braun
fúlvus	gelbbraun
fumariifólus	erdrauchblättrig

fúscus	rotbraun
gále	engl. Name
galeóbdolon	antiker Name
gandavénsis, gandavénse	von Gent
garcánicus	Monte Gargano-
gémmifer, gemmífera, gemmíferum	knospentragend
geométrizans	gleichmäßig
geoídes	nelkenwurzähnlich
germánicus	deutsch
gíbbus	höckerig
gigantéus	riesig
gígas	riesig
gínnala	Volksname
githágo	antiker Name
glabéllus	kahl
gláber, glábra, glábrum	klahl
glaciális, glaciále	Gletscher-
glandulósus	drüsig
glaucophýllus	blaugrünblättrig
glaúcus	blaugrün
globósus	kugelig
globúlifer, globulífera, glubulíferum	pillentragend
glomerátus	geknäult
gloriósus	herrlich
glumáceus	spelzig
glutinósus	klebrig
glyptostroboides	Glyptostrobusähnlich
gongylódes	rübenähnlich
gracílipes	schlankstielig
grácilis, grácile	schlank
gramíneus	grasartig
graminifólius	grasblättrig
granadénsis, granadénse	Granada-
granátus	körnig
grándiceps	großköpfig
grandiflórus	großblütig
grandifólius	großblättrig
grándis, gránde	groß
granulósus	körnig
gratianopolitánus	Grenoble-
gravéolens	starkduftend
gríseus	grau
gruínus	reiherschnabelartig
guajáva	amerik. Name
guineénsis	Guinea-
guttátus	betropft
haemanthus	blutrot blühend
haematódes	blutähnlich
halepénsis, halepénse	Aleppo-
halicácabum	antiker Name
halodéndron	Salzbaum
hastifólius	spießblättrig
hederáceus	efeuartig
hederifólius	efeublättrig
helénium	antiker Name
helianthoídes	sonnenblumenähnlich
helioscópius	sonnenwendig
hélix	windend
helvéticus	Schweizer-
herbáceus	krautig
heterophýllus	verschiedenblättrig
hexapétalus	mit 6 Kronblättern
hexándrus	mit 6 Staubbl.
hiemális, hiemále	Winter-
hierochúntica	Jerichorose
hieroglýphlicus	schriftartig
hippocástanum	Roßkastanie
hippománicus	giftig für Pferde
hippuroídes	Hippuris-ähnlich
hirsútus	rauhhaarig
hirtéllus	kurzborstig
hírtus	borstig

hispánicus	spanisch
híspidus	steifhaarig
hispídulus	kurzsteifhaarig
holländicus	holländisch
holósteus	Übersetzung unklar
homólepis	einheitlich beschuppt
horizontális, horzontále	waagerecht
horizonthalónius	mit waager. Stachelringen
hórminum	antiker Name
hórridus	abschreckend
horténsis, horténse	Gärtner-
hortórum	Garten-
hortulánus	Gärtner-
humifúsus	niederliegend
húmilis	niedrig
hungáricus	ungarisch
hupehénsis	Hupeh-
hýbridus	Bastard-
hypericifólius	johanniskraut-blättrig
hypnoídes	Hypnum-ähnlich
hypogǽus	unterirdisch
hypoglóssus	unter der Zunge
hypophyllus	unter dem Blatt
ibericus	iberisch
idǽus	Idagebirge-
ígneus	feuerrot
ilicifólius	stechpalmen-blättrig
illinoinénsis, illinoinénse	Illinois-
ímbe	südamerik. Name
imbricátus	dachziegelig
immérsus	untergetaucht
impedítus	behindert, niedrig
imperiális, imperiále	kaiserlich
incánus	aschgrau
incarnátus	fleischfarben

incísus	eingeschnitten
incomparábilis, incomparábile	unvergleichlich
índicus	indisch
indivísus	ungeteilt
inérmis, inérme	unbewehrt
inflátus	aufgeblasen
infundibulifórmis, infundibulifórme	trichterförmig
íngens	riesig
inodórus	geruchlos
ionánthus	veilchenblütig
insígnis, insígne	ausgezeichnet
insitítius	eingeführt
integérrimus	völlig ganzrandig
integrifólius	mit ungeteilten Blättern
intermédius	mittlerer
intricátus	verworren
íntybus	lat. Pfl. N.
involucrátus	von Hüllblättern umgeben
isophýllus	gleichblättrig
itálicus	italienisch
jabúran	japan. Name
jálapa	Xalapa- (Mexiko)
japónicus	japanisch
jasminoídes	jasminähnlich
javánicus	Java-
jubátus	mähnenartig
jujúbá	pers. Pfl.-N.
julibrissin	Flockseiden-
júnceus	binsenartig
káki	jap. Name
kamtscháticus	Kamtschatka-
karataviénsis, karataviénse	Karatau-
kermesínus	karmesinrot
kewénsis, kewénse	Kew-
kóbus	jap. Name
koreánus	koreanisch
koúsa	jap. Name

labiátus	lippig
láblab	arab. Pflanzenname
laciniátus	geschlitzt
lácryma-jobi	Hiobsträne
lactiflórus	milchweiß-blühend
lacústris	Teich-
ládanum	wohlriechendes Harz
laevigátus	glatt
laetiflórus	freudig blühend
lagenárius	flaschenartig
lagodechiánus	Lagodechi-
lanátus	wollig
lanc(e)ifólius	mit lanzettlichen Blättern
lanceolátus	lanzettlich
lantána	antiker Name
lanuginósus	wollig
lapathifólius	ampferblättrig
láppa	Klette
laricínus	lärchenartig
lasiocárpus	mit behaarten Früchten
láthyris	Wolfsmilch
latifólius	breitblättrig
laurifólius	lorbeerblättrig
laurocérasus	Lorbeerkirsche
laxiflórus	lockerblütig
laxus	schlaff
lentíscus	klebrig
léntus	zäh
lepidophýllus	mit Schuppen-blättern
leptópus	dünnstielig
leptólepis	dünnschuppig
leucánthemus	weißblütig
leucodérmis, leucodérme	weißrindig
leuconéurus	weißnervig
leucótrichus	weißhaarig
líbani	Libanon-
liliágo	lilienartig
limétto	kleine Zitrone
límon	Zitrone
linariifólius	leinkrautblättrig
lingulátus	zungenförmig
linifólius	leinblättrig
linósyris	zusammen-gesetzter Name
lobátus	gelappt
locústa	Grashüpfer (?)
lonchítis, lonchite	spießähnlich
longiflórus	langblütig
longifólius	langblättrig
longimámmus	langwarzig
longiscápus	langschäftig
lophánthus	büschelblütig
lótus	antiker Name
lúcidus	leuchtend
lupulínus	kleiner Hopfen
lúpulus	Hopfen
lutéolus	gelblich
lutéscens	gelblich
lúteus	gelb
lychnítis	antiker Name
lycopérsicum	antiker Name
lycopodioídes	bärlappähnlich
lýdius	lydisch
lyrátus	leierförmig

macránthus	großblütig
macrocárpus	großfrüchtig
macrocéphalus	großköpfig
macroglossus	großzüngig
macrophýllus	großblättrig
macrorrhíza	großwurzelig
macrosíphon	großröhrig
macrostáchys	großährig
maculátus	gefleckt
maculósus	stark gefleckt
madegascariénsis, madegascariénse	Madagaskar-
maderénsis, maderénse	Madera-
magellánicus	patagonisch
magníficus	prächtig
magnimámmus	großwarzig
mahagóni	südamer. Name
máhaleb	arab. Name

majális	im Mai blühend
májor, május	größer
majorána	arab. Name
malabáthricus	nach ind. Pfl. N.
malaccénsis, malaccense	Malakka-
malacoídes	malvenähnlich
mangostána	malayischer Name
manicátus	manschettenartig
margaritáceus	perlenartig
margarítifer, margaritífera, margaritíferum	perlentragend
marginátus	gerändert
marítimus	Meeres-
marmorátus	marmoriert
mártagon	Turban
meridionális, meridionále	südlich
mas	männlich
matricarioídes	Matricaria-ähnlich
matronális, matronále	mütterlich
max	Pfl. N. in Ceylon
máximus	sehr groß
máys	amerik. Name
médicus	medisch, heilsam
mediterráneus	mittelländisch
médius,	mittlerer
medulláris	
medulláre	markig
medullósus	markig
medúsae	Medusa-
megapotámicus	Rio Grande-
melanochrýsus	schwarzgolden
melanósporus	dunkelsporig
meléagris	Perlhuhn
mélo	Melone
melissophýllus	melissenblättrig
melóngena	Eierfrucht
matallicus	metallisch
metulíferus	kl. Pyramiden tragend
mexicánus	mexikanisch

mezéreum	pers. Name
micránthus	kleinblütig
microcárpus	kleinfrüchtig
microcéphalus	kleinköpfig
micródasys	mit kleinen Borsten
microphýllus	kleinblättrig
micanioídes	Mikania-ähnlich
miliáceus	hirseartig
millefólius	tausendblättrig
mimosifólius	mimosenblättrig
miniátus	mennigfarben
mínimus	sehr klein
mínor, mínus	kleiner
minúsculus	ziemlich klein
mirábilis, mirábile	wunderbar
missouriénsis, missouriénse	Missouri-
mítis, míte	mild
móllis, mólle	weich
mollúgo	weich
móly	griech. Name
monógynus	eingriffelig
monspessulánus	Montpellier-
monostáchyus	einährig
monstrósus	mißgestaltet
montánus	Berg-
montícola	Bergbewohner
mórsus-ránae	Froschbiß
morávicus	mährisch
moschátus	Moschus-
moscheútos	antiker Name
mucronátus	mit einer Spitze
múghus	ital. Name
múgo	antiker Name
multicaúlis, multicaúle	vielstengelig
multífidus	vielteilig
multiflórus	vielblütig
multíjugus	vieljochig
múltiplex	vielfach
múme	jap. Name f. Pfirsich
murális, murále	Mauer-

muricátus	stachelig
murínus	Mäuse betr.
musáicus	mosaikförmig
muscípula	Fliegenfalle
muscósus	moosartig
musifólius	bananenblättrig
mutábilis, mutábile	veränderlich
mycóni	antiker Name
myriostígma	vielnarbig
myosotidiflórus	Myosotis-blütig
mysorénsis, mysorénse	Mysore-(Indien)
myrísticus	zum Salben geeignet
myrobálanus	Gewürzeichel
myrsinifólius	mit Blättern wie Myrsine
myrsinítes	nach Myrte riechend
myrtíllus	kleine Myrte
nánus	zwergig
napéllus	kleine Rübe
napobrássica	Rapskohl
nápus,	Rübe
narbonénsis	
narbonénse	Narbonne-
narcissiflórus	narzissenblütig
nastúrtium-aquáticum	Brunnenkresse
nátans	schwimmend
nanhoénsis	Nan-ho- (Kansu)
naviculáris, naviculáre	kahnförmig
neapolitánus	Neapel-
nebulósus	rauchartig
negléctus	vernachlässigt
negúndo	ind. Name
nemorális, nemorále,	Hain-
nemorénsis	
nemorénse	Hain-
nemorósus	Hain-
nepalénsis,	Nepal-

nepalénse	Nepal-
nervósus	nervig
nicaeénsis, nicaeénse	Nizza-
nidus,	Nest
níger, nígra nígrum	schwarz
nigréscens	schwärzlich
nígricans	schwärzlich
nikoénsis, nikoénse	Nikko-
nil	blau
nippónicus	Nippon-
nítens	glänzend
nítidus	glänzend
nivális, nivále	Schnee-
níveus	schneeweiß
nóbilis, nóbile	vornehm
noctiflórus	nachts blühend
nodósus	knotig
nóli-tángere	nicht berühren
nootkaténsis	Nutka-
nóvae-ángliae	Neuengland-
nóvae-zelándiae	Neuseeland-
nóvi-bélgii	Neubelgien-
núcifer, nucífera, nucíferum	nußtragend
nudicáulis, nudicáule	nackstengelig
nudiflórus	nacktblütig
nummulárius	münzenartig
nútans	überhängend
nux-vómica	Brechnuß
obcónicus	verkehrt kegelförmig
obésus	dick
oblíquus	schief
oblóngus	länglich
obovátus	verkehrt eiförmig
obtusifólius	stumpfblättrig
obtúsus	stumpf
occidentális, occidentále	abendländisch
ocimoídes	Ocimum-ähnlich

octopétalus	achtkronblättrig
odorátus	wohlriechend
odoratíssimus	sehr wohlriechend
officinális, officinále	Arznei-
oléander	Ölbaumrose
oleifórmis, oleifórme	olivenförmig
oleráceus	gemüseartig
oligostáchyus	schwachährig
olitórius	Gemüsegarten-
olýmpicus	Olymp-
omórika	serb. Name
oppositifólius	mit gegenständigen Blättern
opulifólius	schneeballblättrig
ópulus	antiker Name
orbiculátus	kreisförmig
orientális, orientále	orientalisch
orióphilus	bergliebend
ornátus	geschmückt
órnus	antiker Name
ottawénsis, ottawénse	Ottawa-
ovalifólius	mit eiförmigen Blättern
ovátus	eirund
ovínus	Schaf-
oxyacánthus	spitzdornig
oxycóccus	scharfbeerig
oxygónus	spitzkantig
pachyphýllus	dickblättrig
pachýpodus	dickstielig
pádus	lat. Name
palléscens	bleichwerdend
pállidus	bleich
palmátus	handförmig
palmifólius	palmblättrig
paludósus	Sumpf-
palúster, palústris, palústre	Sumpf-
pandurátus	geigenförmig
paniculátus	rispig
pannónicus	ungarisch
papáya	malaysischer Name
papílio	Schmetterling
papýrifer, papyrífera, papyríferum	papierliefernd
papýrus	Papier
paradísi	Paradies-
paradisíacus	Paradies-
paraguariénsis, paraguariénse	Paraguay-
pardalínus	pantherartig gfleckt
parthenioídes	Parthenium-ähnlich
parthénium	Jungfrauenpfl.
parviflórus	kleinblütig
parvifólius	kleinblättrig
patiéntia	Geduld
pátulus	ausgebreitet
pauciflórus	wenigblütig
pávia	Roßkastanie
pectinátus	kammartig
pedátus	fußförmig
pedicellátus	mit gestielten Blüten
pedunculátus	mit gestieltem Blütenstand
pekinénsis, pekinénse	Peking-
pelegrínus	bras. Pfl. N.
peltátus	schildförmig
péndulus	hängend
pennátus	gefiedert
pen(n)sylvánicus	Pennsylvania-
pentándrus	mit 5 Staubblättern
pentaphýllus	fünfblättrig
pépo	Kürbis
péplus	röm. Name
perénnis, perénne	ausdauernd
peregrínus	fremd

perfoliátus	durchwachsenblättrig
perforátus	durchlöchert
periclýmenus	herumrankend
persicárius	pfirsichartig
persicifólius	pfirsichblättrig
pérsicus	persisch
persolútus	sehr locker
peruviánus	Peru-
petraéus	felsenbewohnend
petiolatus	mit gestielten Blättern
peúce	Fichte
phalaenópsis	nachtfalterartig
phoeníceus	purpurn
phyllostáchyus	mit beblätterten Ähren
physalódes	Physalis-ähnlich
píctus	gezeichnet
pileátus	behütet
piloséllus	behaart
píneus	Pinus-artig
pinquifolius	fettblättrig
pinnatifídus	fiederspaltig
pinnátus	gefiedert
pinsápo	span. Name
piperítus	pfefferartig
písifer, pisífera, pisíferum	erbsentragend
plańipes	flachstielig
planifólius	flachblättrig
platanoídes	platanenähnlich
platycládius	breitzweigig
platyglóssus	breitzungig
platypétalus	m. br. Kronbl.
platyphýllus	breitblättrig
plénus	voll, gefüllt
plicátus	gefaltet
plumárius	federartig
plumbaginoídes	Bleiwurz-ähnl.
plúmosus	federig
pluviális, pluviále	Regen-
podagrárius	Podagra-
podágricus	geschwollen
podalyriifólius	mit Blättern wie Podalyria
podophýllus	mit gestielten Blättern
poetárum	Dichter-
poéticus	dichterisch
polifólius	poleiblättrig
polítus	glänzend
polyánthus	vielblütig
polycárpus	vielfruchtig
polystáchyus	vielährig
ponderósus	gewichtig
pónticus	Schwarzmeer-
pórrum	Lauch
porrifólius	lauchblättrig
praécox	frühzeitig
praénitens	starkglänzend
praéstans	vortrefflich
praténsis, praténse	Wiesen-
primulínus	primelartig
prínceps	fürstlich
príncipis	des Fürsten
procérus	schlank
procúmbens	niederlegend
procúrrens	mit Ausläufern
prostrátus	niederlegend
pruinósus	bereift
prunifólius	pflaumenblättrig
pseudacácia	falsche Akazie
pseudácorus	falscher Kalmus
pseudonarcíssus	falsche Narzisse
pseudoplántanus	falsche Plantane
psittácinus	papageienfarbig
psittacórum	Papageien-
ptármicus	Niesen erzeugend
pteránthus	Blüten geflügelt
pteracánthus	stachelflügelig
pubéscens	behaart
pudícus	schamhaft
pulchéllus	niedlich
púlcher, púlchra, pulchrum	schön
pulchérrimus	sehr schön

pumílio	Zwerg
púmilus	niedrig
punctátus	punktiert
púngens	stechend
puníceus	granatrot
purpuráscens	purpurn werdend
purpúreus	purpurrot
pusíllus	winzig
puteolátus	grubig
pygmǽus	zwergartig
pyramidális, pyramidále	pyramidenförmig
pyrifólius	birnenblättrig
quadranguláris, quadranguláre	vierkantig
quadriauritus	vierohrig
quámash	indian. Name
quamoclit	mexik. Name
quercifólius	eichenblättrig
quinátus	fünfzählig
quinquefólius	fünfblättrig
quiatoénsis, quitoénse	Quito-(Equador)
racemósus	traubig
rádens	kratzend
radícans	wurzelbildend
rádulus	raspelförmig
rájah	König
ramosissimus	sehr ästig
ramósus	ästig
ranunculoídes	hahnenfußartig
rápa	Rübe
rapáceus	rübenartig
raphanístrum	rettichartig
ravénnae	Ravenna-
recurvátus	zurückgekrümmt
redivívus	ausdauernd
refléxus	zurückgebogen
refráctus	geknickt
regális, regále	königlich
regínae	der Königin
régius	königlich
religiósus	heilig

renifórmis, renifórme	nierenförmig
repándus	gekrümmt
répens	kriechend
réptans	kriechend
reticulátus	netzartig
retinódes	harzartig
retrofléxus	zurückgebogen
retrofráctus	abwärts geknickt
retúsus	abgestumpft
revolútus	zurückgerollt
rex	König
rhabárbarum	Barbarenwurzel
rhamnoídes	Rhamnus-ähnlich
rhizophýllus	wurzelblättrig
rhodánthus	rosenblütig
rhœ́as	antiker Name
rhombifólius	rautenblättrig
rhytidophýllus	runzelblättrig
rígens	steif
rígidus	steif
ríngens	Rachen aufsperrend
ripárius	Ufer-
rítro	südeur. Name
rivális, rivále	Bach-
rivuláris, rivuláre	Bach-
róbur	Kernholz
robústus	stark
rósa-sinénsis	chinesische Rose
róseus	rosenrot
rostrátus	geschnäbelt
rotundifólius	rundblättrig
rúbens	rot
ruber, rubra, rúbrum	rot
rubicúndus	kräftig rot
rubiginósus	braunrot
rubrifólius	rotblättrig
rugósus	stark runzelig
rufinérvis, rufinérve	mit fuchsroten Nerven
rupéster, rupéstris, rupéstre	Felsen-

rupícola	Felsbewohner
rusticánus	vom Lande
rústicus	ländlich
rúta-murária	Mauerraute
ruthénicus	ruthenisch
sabátius	Savona-(Italien)
sabáudus	Savoyer-
sabéllicus	Sabeller- (it. Volksstamm)
sabína	lat. Name
saccharátus	zuckerig
sacchárifer, saccharífera saccharíferum,	Zucker liefernd
saccharínus	zuckerig
sáccharum	Zucker-
sachalinénsis, sachalinénse	Sachalin-
sagittális, sagittále	pfeilförmig
sagittifólius	pfeilblättrig
salicárius	Weiden-
salicifólius	weidenblättrig
salicínus	weidenartig
salmóneus	lachsfarben
sambucifólius	holunderblättrig
sambucínus	holunderartig
sámius	Samos-
sanguíneus	blutrot
sapiéntum	der Weisen
sardénsis, sardénse	Sardes-(Türkei)
sarmentósus	schößlings-bildend
sarniénsis, sarniénse	Guernsey-
satívus	angepflanzt
saxátilis, saxátile	Felsen-
saxífraga	Steinbrech
saxórum	der Felsen (Genitiv)
scáber, scábra, scábrum	rauh
scabérrimus	sehr rauh

scándens	kletternd
schizánthus	spaltblütig
schizopétalus	geschlitzt kronblättrig
schoenóprasum	Schnittlauch
scilloídes	Scilla-artig
scirpoídes	Scirpus-ähnlich
scólymus	Artischocke
scopárius	Besen-
scorpioídes	skorpionähnlich
scutátus	Schild-
secalínus	roggenartig
sedifólius	Blätter wie Sedum
ségetum	Saat-
sellowiánus	von Sellos
semperflórens	immerblühend
sempervirens	immergrün
senílis, seníle	greisenartig
sépium	Zaun-
septémfidus	siebenteilig
sérbicus	serbisch
seríceus	seidig
serótinus	spät
serpýllum	lat. Name
serratipétalus	gesägt kronblättrig
serrátus	gesägt
serrulátus	fein gesägt
sessiliflórus	mit sitzenden Blüten
sessilifólius	mit sitzenden Blättern
séssilis, séssile	sitzend
setáceus	borstig
setispínus	borstdornig
setósus	borstentragend
sexanguláris, sexanguláre	sechskantig
shállon	indian. Pfl. N.
sibíricus	sibirisch
siliquástrum	Schoten-
siliquósus	schotenartig
símplex	einfach

sinénsis, sinénse	chinesisch
sínicus	chinesisch
sinuátus	gebuchtet
sinuósus	sehr buchtig
siphilíticus	gegen Syphilis
sípho	Röhre
sitchénsis, sitchénse	Sitka-
socotránus	Sokotra-
sója	chin. Name
sólidus	fest
sómnifer, somnífera, somníferum	einschläfernd
sorbifólius	ebereschen-blättrig
sorórius	geschwisterlich
sparsifólius	lockerblättrig
spatháceus	mit Blütenscheide
spathulifólius	spatelblättrig
speciósus	prächtig
spectábilis, spectábile	ansehnlich
spelúncae	Höhlen-
sphaerócephalus	kugelköpfig
sphondýlium	antiker Name
spícant	volkstümlicher Name
spicátus	ährig
spíca-vénti	Windähre
spiculifólius	spitzblättrig
spinosíssimus	sehr dornig
spinósus	dornig
spirális, spirále	spiralig
spléndens	glänzend
spúrius	falsch
squálidus	schmutzig
squamátus	schuppig
squámifer, squamífera, squamíferum	schuppentragend
squamósus	starkschuppig
squarrósus	sperrig
stagnális	in Teichen
stans	aufrecht

stellátus	sternförmig
stemárius	kranzartig
stenocéphalus	schmalköpfig
stenophýllus	schmalblättrig
stérilis, stérile	unfruchtbar
stipulátus	mit Nebenbl.
stoéchas	antiker Name
stolónifer, stolonífera, stoloníferum	ausläufer-bildend
stramónium	Stechapfel
stratiótes	Soldat
striátus	gestreift
stríctus	straff
stróbus	Zapfen
strumósus	mit Kropf
struthiópteris	Straußenfarn
stylósus	langgriffelig
styracífluus	Storax liefernd
suavéolens	wohlriechend
súber	Kork
suberósus	korkartig
subhirtéllus	etwas zottig
submérsus	unter Wasser
subulátus	pfriemlich
suécicus	schwedisch
suffruticósus	halbstrauchig
sulphúreus	schwefelgelb
supérbus	stolz
supínus	ausgebreitet
surculósus	mit kleinen Schößlingen
susiánus	um Susa (Iran)
suspénsus	hängend
sycomórus	Maulbeerfeige
sylváticus	Wald-
sylvéster, sylvésteris, sylvéstre	Wald-
syríacus	syrisch
tabácum	indian. Name
tábernae-montáni	aus Bergzabern

tabulifórmis, tabulifórme	tafelförmig
tamariscifólius	tamarisken-blättrig
tanacetifólius	mit Blättern wie bei Tanacetum
tangúticus	tangusisch (Sib.)
tárdus	spät
tatáricus	tatarisch
tazétta	kleine Tasse
tectórum	Dach-
teléphium	antiker Name
telmatéius	Sumpf-
temuléntus	betäubend
tenacíssimus	sehr zäh
ténax	zäh
tenéllus	sehr zart
téner, ténera ténerum	zart
ténuis	dünn
terminális, terminále	endständig
ternátus	dreizählig
testúdo	Schildkröte
tetragónus	vierkantig
tétrahit	vierseitig
tetrálix	vierfach gewunden
tetrándus	mit 4 Staub-blättern
tetraphýllus	vierblättrig
tetraspérmus	viersamig
thalictroídes	Thalictrum-ähnlich
thapsifórmis, thapsifórme	Thapsus-ähnlich
thápsus	antiker Name
thuringíacus	thüringisch
thyoídes	Thuja-ähnlich
thyrsoídes	straußähnlich
thyrsiflórus	straußblütig
tigrínus	tigerartig
tínus	antiker Name
tinctórius	Färber-
titánus	Riesen-

tithymaloídes	wolfsmilch-ähnlich
tobíra	jap. Name
tomentósus	filzig
tongolénsis, tongolénse	Tongolo- (Szetschuan)
toríngo	jap. Name
torminális, torminále	gegen Bauch-schmerzen
tortúosus	gewunden
toxicodéndron	Giftbaum
trachyphýllus	rauhblättrig
trémulus	zitternd
triacánthus	dreistachelig
trianguláris, triangulåre	dreikantig
trichómanes	Pflanzenname
trichophýllus	behaartblättrig
trichótomus	dreigabelig
trícolor	dreifarbig
tricuspidátus	dreispitzig
trifasciátus	dreibänderig
trífidus	dreispaltig
trifoliátus	dreiblättrig
trifurcátus	dreigabelig
trilobátus	dreilappig
triméstris, triméstre	dreimonatig
triónum	lat. Pfl. N.
tripartítus	dreiteilig
tripétalus	dreikronblättrig
triphýllus	dreiblättrig
triplinérvis, triplinérve	dreinervig
trístis, tríste	traurig
triviális, triviále	gewöhnlich
truncátus	gestutzt
tuberculátus	knollig, warzig
tuberósus	knollig
tubiflórus	röhrenblütig
tulípifer, tulipífera, tulipíferum	tulpentragend
tunicátus	häutig

túrgidus	geschwollen
týphinus	Typha-artig
uliginósus	Sumpf-
ulmárius	ulmenartig
umbellátus	doldig
umbéllifer, umbellífera, umbellíferum	doldentragend
umbellifórmis, umbellifórme	doldenförmig
umbracúlifer, umbraculífera, umbraculíferum	schirmtragend
umbrósus	schattenliebend
uncinátus	hakenförmig
undátus	wellig
undulátus	wellig
unédo	antiker Name
unguiculátus	genagelt
uniflórus	einblütig
uplándicus	Upland-
urbánus	städtisch
úrens	brennend
ursínus	Bären-
usneóides	bartflechtenähnlich
útilis, útile	nützlich
úva-críspa	krause Traube
uvárius	traubig
úva-ursi	Bärentraube
vágans	wandernd
vaginátus	mit Scheiden
válidus	kräftig
variábilis, variábile	veränderlich
variegátus	bunt
vedrariénsis, vedrariénse	Verrièrres- (bei Paris)
végetus	lebendig
velutínus	samtartig
venósus	geadert
ventricósus	bauchig
venústus	anmutig
vernális, vernále	Frühlings-
verrucósus	warzig
verruculósus	kleinwarzig
versícolor	verschiedenfarbig
verticillátus	quirlblättrig
vérus	echt
véscus	eßbar
vestítus	bekleidet
vexillárius	fahnenartig
villósus	zottig
viminális, viminále	rutenförmig
vineális, vineále	Wein-
vínifer, vinífera, viníferum	weintragend
violáceus	violett
virgátus	rutenförmig
virgáurea	Goldrute
virginális, virginále	jungfräulich
virginiánus	Virginia-
vírdis, víride	grün
viridíssimus	tiefgrün
virósus	giftig
viscárius	klebrig
viscósus	klebrig
vitáceus	rebenartig
vitálba	Weißweinrebe
viticélla	kleine Rebe
vítis-idáea	Rebe vom Berg Ida
vittátus	gebändert
vivíparus	lebend gebärend
volúbilis, volúbile	windend
vulgáris, vulgáre	gewöhnlich
vulnerárius	wundenheilend
vulpínus	fuchsartig
xanthocárpus	gelbfrüchtig
xiphioídes	schwertähnlich
xíphium	Schwert-
xylósteum	mit knochenhartem Holz
zapóta	aztek. Name
zebrínus	mit Zebrastreifen
zeylánicus	Ceylon-
zingiberínus	Ingwer-
zonális, zonále	gürtelartig
zonátus	gürtelartig

Deutsch-botanisches Namenverzeichnis

In dem nachfolgenden Verzeichnis sind aus Gründen der Platzersparnis die deutschen Gattungsnamen für eine botanische Gattung aufgeführt, nicht deren Arten, z. B. Weide = *Sálix;* es sind also alle Weidenarten (Dotterweide, Hängeweide, Kätzchenweide, Korbweide, Silberweide, Weißweide) unter Weide = *Sálix* zu finden.

Wenn botanische Gattungsnamen als deutsche Gattungsnamen gebräuchlich wurden, z. B. Bougainvillea = *Bougainvillea* ⌓, Pachysandra = *Pachysándra* ❦, Anemone = *Anemóne* ♃ ♁, sind diese Namen aufgeführt, um dem Leser sofort anzugeben, in welcher Pflanzengruppe der gesuchte Pflanzenname zu finden ist. Handelsnamen z. B. von Südfrüchten (Bilimbi, Cherimoya usw.) bleiben weiterhin unberücksichtigt. Diese Namen würden außerdem weit in den Bereich des Fruchthandels hineinführen. Interessenten werden dafür auf den Seiten 89-92 hinreichend Angaben finden.

Nicht verschwiegen werden darf die Unsicherheit, die sich bei der Benutzung deutscher Pflanzennamen ergibt. Sie sind nicht einheitlich, mitunter wortgetreue Übersetzungen, recht häufig ohne praktischen Wert und gar nicht so selten irreführend. So laufen unter dem Namen „Rose von Jericho“, den üblichen Gepflogenheiten folgend, auch in diesem Buch zwei grundverschiedene Species: *Anastática hierochúntica* (Kreuzblütler) und *Asteríscus pygmáeus* (Korbblütler). Ein besonderes Beispiel, welche Folgen deutsche Pflanzennamen haben können, brachte im Frühjahr 1994 die Landesgartenschau in Paderborn. Es wurde für den beeindruckenden Kreuzblütler *Crámbe cordifólia* der deutsche Name Riesenschleierkraut gewählt und von Gartenfreunden eifrig notiert. Groß kann der Ärger dann werden, wenn man mit diesem Namen eine Bestellung aufgibt und höchstwahrscheinlich das Nelkengewächs *Gypsóphila paniculáta* geliefert bekommt, das bislang (wie auch andere *Gypsóphila*-Arten) allein unter Schleierkraut lief.

Was aber gekonnt bei Farnpflanzen Prof. Maatsch an deutschen Namen entwickelt hat, bedarf einer konsequenten Fortführung. Bei der Vielfalt der Gesamtheit aller Kulturpflanzen wird das eine schwierige, langwierige Arbeit sein.

So nimmt es nicht wunder, daß auch noch in dieser Neuauflage der Bestand deutscher Pflanzennamen hinter dem der wissenschaftlichen unübersehbar zurückbleibt.

Es bedeuten:

⊙ Einjährige Pflanzen
⊙ Zweijährige Pflanzen
♃ Freilandstauden
♁ Zwiebel- und Knollengewäche
⌓ Topfpflanzen
≈ Wasserpflanzen
❦ Laubgehölze
✱ Nadelgehölze
○ Obst und Südfrüchte
⌀ Gemüse
¥ Gewürz- und Küchenkräuter
U Ein- und zweijährige Unkräuter
(♃) Ausdauernde Unkräuter
✓ Grasarten für Rasen

Azalee	*Rhododéndron* ▽
Azolle	*Azólla* ≈
Bacopa (Gärtnername)	*Sútera* ▽
Bärenklau	*Heracléum* (♃)
Bärenohr	*Arctótis* ⊙
Bärentraube	*Arctostáphylos* ❦
Ballonblume	*Platycódon* ♃
Ballonpflanze	*Cardiospérmum* ⊙
Balsamine	*Impátiens* ⊙
Banane	*Enséte* ▽
Banane	*Músa* ▽ ○
Banyanbaum	*Fícus* ▽
Bartnelke	*Diánthus* ⊙
Bärenfell-schwingel	*Festúca* ♃
Basilienkraut	*Ocimum* ᛘ
Basilikum	*Ocimum* ᛘ
Bastardindigo	*Amórpha* ❦
Bastplame	*Ráphia* ▽
Bauernsenf	*Ibéris* U
Baumhasel	*Córylus* ❦
Baumheide	*Eríca* ❦
Baumwürger	*Celástrus* ❦
Becherprimel	*Prímula* ▽
Begonie	*Begónia* ⊙ ♁ ▽
Beifuß	*Artemísia* ᛘ (♃)
Belladonnalilie	*Amarýllis* ▽ ♁
Beloperone	*Justícia* ▽
Benediktenkraut	*Cnícus* ᛘ
Berberitze	*Bérberis* ❦
Bergaralie	*Oreópanax* ▽
Bergcereus	*Oreocéreus* ▽
Bergenie	*Bergénia* ♃
Berglorbeer	*Kálmia* ❦
Bergpalme	*Chamaedórea* ▽
Bergwundklee	*Anthýllis* ♃
Bertolonia	*Bertolónia* ▽
Berufkraut	*Conýza* U ♃
Besenginster	*Cýtisus* ❦
Besenkraut	*Kóchia* ⊙
Bete	*Béta* ✎
Betelnußpalme	*Aréca* ▽
Betel-Pfeffer	*Píper* ▽
Bibernelle	*Pimpinélla* ᛘ
Bibernelle	*Sanguisórba* ᛘ
Bignonie	*Bignónia* ❦
Billbergie	*Billbeŕgia* ▽
Bilsenkraut	*Hyoscýamus* U
Bingelkraut	*Mercuriális* U
Binse	*Júncus* (♃)
Birke	*Bétula* ❦
Birnbaum	*Pýrus* ○
Bischofsmütze	*Astróphytum* ▽
Bitterklee	*Menyánthes* ≈
Bitternuß	*Cárya* ❦
Bitterorange	*Cítrus* ○
Blasenbaum	*Koelreutéria* ❦
Blasenfarn	*Cystópteris* ♃
Blasenspiere	*Physocárpus* ❦
Blasenstrauch	*Colútea* ❦
Blattkaktus	*Nopalxóchia* ▽
Blaubeere	*Vaccínium* ○
Blaudolde	*Didíscus* ⊙
Blaues Lieschen	*Exacum* ▽
Blaugras	*Sesléria* ♃
Blaugummi-baum	*Eucalýptus* ▽
Blauheide	*Phyllódoce* ❦
Blaukissen	*Aubriéta* ♃
Blaustern	*Scílla* ♁
Blaustrahlhafer	*Helictótrichon* ♃
Blechnum	*Bléchnum* ♃ ▽
Bleiwurz	*Plumbágo* ▽
Blumenbinse	*Bútomus* ≈
Blumenrohr	*Cánna* ♁
Blutauge	*Potentílla* ♃ ≈
Blutblume	*Haemánthus* ▽
Bluthirse	*Digitária* U
Bocksdorn	*Lýcium* ❦
Bogenhanf	*Sansevéria* ▽
Bohne	*Phaséolus* ⊙ ✎
Bohnenkraut	*Saturéja* ᛘ
Boretsch	*Borágo* ᛘ
Borstengras	*Pennisétum* ⊙ ♃
Borstenhirse	*Setária* U
Bougainvillea	*Bougainvíllea* ▽

Bouvardie	*Bouvárdia* 🪴
Brachycome	*Brachýcome* ⊙
Brandkraut	*Phlómis* ♃
Brennende Liebe	*Lýchnis* ♃
Brennessel	*Urtíca* ∪ (♃)
Brennpalme	*Caryóta* 🪴
Brodiäe	*Brodiáea* 🧅
Brokkoli	*Brássica* 🥕
Brommbeere	*Rúbus* 🍎
Brotpalmfarn	*Enecephalártos* 🪴
Browallie	*Browállia* 🪴
Brunfelsie	*Brunfélsia* 🪴
Brunnenkresse	*Nastúrtium* Ұ
Brutblatt	*Kalánchoe* 🪴
Bubiköpfchen	*Soleirólia* 🪴
Buche	*Fágus* 🍃
Buchsbaum	*Búxus* 🍃
Buddleia	*Buddléja* 🍃 🪴
Bulbenblasenfarn	*Cystópteris* ♃
Buschklee	*Lespedéza* 🍃
Buschwindröschen	*Anemóne* ♃
Cabomba	*Cabómba* ≈
Calandrine	*Calandrinia* ⊙
Calanthe	*Calánthe* 🪴
Calathea	*Caláthea* 🪴
Callisie	*Callísia* 🪴
Camassie	*Camássia* 🧅
Cardy	*Cýnara* 🥕
Carludowike	*Carludovíca* 🪴
Carnegiea	*Carnegíea* 🪴
Cattleya	*Cattléya* 🪴
Celosie	*Celósia* ⊙
Ceratostigma	*Ceratostígma* ♃
Ceratozamie	*Ceratozámia* 🪴
Chelone	*Chelóne* ♃
Chicorée	*Cichórium* 🥕
China-(Peking-) Kohl	*Brássica* 🥕
Chlorophytum	*Chlorópytum* 🪴
Christophskraut	*Actáea* ♃
Christrose	*Helléborus* ♃
Christusdorn	*Euphórbia* 🪴
Chrysantheme	*Chrysánthemum* ♃ 🪴 s. S. 40
Cibotium	*Cibótium* 🪴
Cinerarie	*Senécio* 🪴
Clarkie	*Clárkia* ⊙
Cleome	*Cleóme* ⊙
Clerodendrum	*Clerodéndrum* 🍃 🪴
Cleyera	*Cléyera* 🪴
Clivie	*Clívia* 🪴
Cobäe	*Cobáea* ⊙
Coccoloba	*Coccóloba* 🪴
Coelogyne	*Coelógyne* 🪴
Coleus	*Cóleus* 🪴
Collinsie	*Collínsia* ⊙
Collomie	*Collómia* ⊙
Colocasie	*Colocásia* 🪴
Columnee	*Colúmnea* 🪴
Cordyline	*Cordýline* 🪴
Corynocarpus	*Corynocárpus* 🪴
Cotyledon	*Cotylédon* 🪴
Crossandre	*Crossándra* 🪴
„Croton"	*Codiáeum* 🪴
Cryptanthe	*Cryptánthus* 🪴
Cryptocoryne	*Cryptocóryne* ®
Ctenanthe	*Ctenánthe* 🪴
Cucurligo	*Cucúrligo* 🪴
Cyanotis	*Cyanótis* 🪴
Cycas	*Cýcas* 🪴
Cymbidium	*Cymbídium* 🪴
Cypergras	*Cypérus* ≈
Cyrtanthus	*Cyrtánthus* 🪴
Cyrtomium	*Cyrtómium* 🪴
Dachtrespe	*Brómus* ∪
Dahlie	*Dáhlia* 🧅
Dattelpalme	*Phóenix* 🪴 🍎
Dattelpflaume	*Diospýros* 🍎
Daun	*Galeópsis* ∪
Dame in Trauer	*Iris* 🧅
Decaisnea	*Decáisnea* 🍃
Dendrobium	*Dendróbium* 🪴
Deutzie	*Déutzia* 🍃
Dichorisandre	*Dichorisándra* 🪴
Dickblatt	*Crássula* 🪴

Dicke Bohne	*Vícia* ✎
Dicksonie	*Dicksónia* ▽
Dieffenbachie	*Dieffenbáchia* ▽
Dill	*Anéthum* ᛉ
Dipladenie	*Dipladénia* ▽
Diptam	*Dictámnus* ♃
Dolchfarn	*Polýstichum* ♃
Doppelmalve	*Sidalcéa* ♃
Dorn	*Cratǽgus* ❧
Dorotheanthus	*Dorotheánthus* ⊙
Douglastanne	*Pseudotsúga* ⸙
Dracaene	*Dracǽna* ▽
Drachenbaum	*Dracǽna* ▽
Drahtschmiele	*Deschámpsia* ⫽
Drehfrucht	*Streptocárpus* ▽
Duftblüte	*Osmánthus* ❧
Duft-Flockenblume	*Amberbóa* ⊙
Duft-Steinich	*Lobulária* ⊙
Eberesche	*Sórbus* ❧ ○
Eberwurz	*Carlína* ♃
Echeverie	*Echevéria* ▽
Echinodorus	*Echinodórus* ≈
Edeldistel	*Erýngium* ♃
Edelgamander	*Teúcrium* ❧
Edelraute	*Artemísia* ♃
Edelweiß	*Leontopódium* ♃
Efeu	*Hédera* ▽ ❧
Efeuralie	*Fatshédera* ▽
Ehrenpreis	*Verónica* ♃ U (♃)
Eibe	*Táxus* ⸙
Eibisch	*Hibíscus* ⊙ ▽ ❧ ♃
Eiche	*Quércus* ❧
Eichhornie	*Eichhórnia* ≈
Eierfrucht	*Solánum* ✎
Eisenholzbaum	*Metrosidéros* ▽
Eisenhut	*Aconítum* ♃
Eisenkraut	*Verbéna* U
„Elefantenohr"	*Haemánthus* ▽
Elfenbeindistel	*Erýngium* ⨀
Elfenblume	*Epimédium* ♃
Eller	*Alnus* ❧
Elsbeere	*Sórbus* ❧
Endivie	*Cichórium* ✎
Engelstrompete	*Datúra* ▽
Engelsüß	*Polypódium* ♃
Engelwurz	*Angélica* ᛉ
Enkianthus	*Enkiánthus* ❧
„Entengrütze"	*Lémna* ≈
Enzian	*Gentiána* ♃
Epidendrum	*Epidéndrum* ▽
Episcie	*Epíscia* ▽
Eranthemum	*Pseuderánthemum* ▽
Erbse	*Písum* ✎
Erbsenstrauch	*Caragána* ❧
Erdbeerbaum	*Arbútus* ❧
Erdbeere	*Fragária* ○
Erdbeerkaktus	*Gymnocalýcium* ▽
Erdbirne	*Heliánthus* ✎
Erdnuß	*Aráchis* ○
Erdrauch	*Fumária* U
Erika	*Eríca* ▽ ❧
Erle	*Alnus* ❧
Esche	*Fráxinus* ❧
Eschenahorn	*Acer* ❧
Eschscholzie	*Eschschólzia* ⊙
Eseldistel	*Onopórdum* U ⨀
„Eselsohren"	*Stáchys* ♃
Eskariol	*Cichórium* ✎
Espe	*Pópulus* ❧
Essigbaum	*Rhus* ❧
Eßkastanie	*Castánea* ❧ ○
Estragon	*Artemísia* ᛉ
Eucharis	*Eucháris* ▽
Euryale	*Euryále* ≈
Exochorda	*Exochórda* ❧
Fächerblume	*Scǽvola* ▽
Färberkamille	*Anthemis* ♃
Faselbohne	*Dólichos* ⊙
Faulbaum	*Rhámnus* ❧
Federborstengras	*Pennisétum* ♃
Federbusch-Celosie	*Celósia* ⊙
Federbuschstrauch	*Fothergílla* ❧

Federgras	*Stípa* ♃
Feigenbaum	*Fícus* ⊽ ❦ ○
Feigenblatt-kürbis	*Cucúbita* ✎
Feigenopuntie	*Opúntia* ⊽
Feigwurz	*Ranúnculus* (♃)
Felberich	*Lysimáchia* ♃
Feldkresse	*Lepídium* U
Feldsalat	*Valerianélla* ✎
Felsenbirne	*Amelánchier* ❦
Felsblasenfarn	*Cystópteris* ♃
Felsenkaktus	*Céreus* ⊽
Felsen-steinkraut	*Alýssum* ♃
Fenchel	*Foenículum* ᛉ
Ferokaktus	*Ferocáctus* ⊽
Fetthenne	*Sédum* ⊙ ♃ ⊽
Feuerbohne	*Phaséolus* ⊙
Feuerdorn	*Pyracántha* ❦
Fichte	*Pícea* ⸙
Ficus	*Fícus* ⊽ ❦
Fiederspiere	*Sorbária* ❦
Fiederzwenke	*Brachypódium* ⫽
Fingeraralie	*Schéfflera* ⊽
Fingerhut	*Digitális* ⊚
Fingerkraut	*Potentilla* ♃ ❦ (♃)
Fioringras	*Agróstis* ⫽
Fesettholz	*Cótinus* ❦
Fittonie	*Fittónia* ⊽
Flamingoblume	*Anthúrium* ⊽
Flammenblume	*Phlóx* ♃ ⊙
Flammengras	*Imperáta* ♃
Flechtstrauß-gras	*Agróstis* ⫽
Fleißiges Lieschen	*Impátiens* ⊽
„Flieder"	*Sambúcus* ❦
Flieder	*Syrínga* ❦
Flockenblume	*Centauréa* ⊙ ♃
Flügelnuß	*Pterocárya* ❦
Flughafer	*Avéna* U
Flußzeder	*Calócedrus* ⸙
Föhre	*Pínus* ⸙
Fontanesie	*Fontanésia* ❦
Fourcroye	*Furcráea* ⊽
Fransen-schwertel	*Sparáxis* ♢
Franzosenkraut	*Galinsóga* U
Frauenfarn	*Athýrium* ♃
Frauenhaar	*Scírpus* ≋
Frauenhaarfarn	*Adiántum* ⊽
Frauenmantel	*Alchemílla* ♃
Frementodendron	*Frementodendron* ⊽
Freesie	*Freésia* ♢
Froschbiß	*Hydrócharis* ≋
Froschlöffel	*Alísma* ≋
Frühlingslicht-blume	*Bulbocódium* ♢
Fünfling	*Péntas* ⊽
Fuchsie	*Fúchsia* ⊽ ❦
Fuchsschwanz	*Amaránthus* ⊙ U
Funkie	*Hósta* ♃
Fußblatt	*Podophýllum* ♃
Gänseblümchen	*Béllis* ⊚
Gänsedistel	*Sónchus* (♃) U
Gänse-fingerkraut	*Potentílla* (♃)
Gänsefuß	*Chenopódium* U
Gänsekresse	*Arabis* ♃
Gagelstrauch	*Myríca* ❦
Galtonie	*Galtónia* ♢
Gamander	*Teúcrium* ❦
Garbe	*Achilléa* ♃
Gardenie	*Gardénia* ⊽
Gartenkresse	*Lepídium* ✎
Gartensalat	*Lactúca* ✎
Gasterie	*Gastéria* ⊽
Gauchheil	*Anagállis* U ⊙
Gauklerblume	*Mímulus* ♃ ⊽
Gaultherie	*Gaulthéria* ❦
Gazanie	*Gazánia* ⊙
Gedenkemein	*Omphalódes* ♃
Geißbart	*Arúncus* ♃
Geißblatt	*Lonicéra* ⊽ ❦
Geißklee	*Cýtisus* ❦ ⊽
Gelbholz	*Cladrástis* ❦
Gelenkblume	*Physostégia* ♃

Gemswurz	*Doronicum* ♃
Geogenanthe	*Geogenánthus* ▽
Geonoma-Palme	*Geonóma* ▽
Geranium	*Pelargónium* ▽
Gerbera	*Gérbera* ▽
Gerberstrauch	*Coriária* 🍃
Gerste	*Hórdeum* ⊙ U
Geweihbaum	*Gymnócladus* 🍃
Geweihfarn	*Platycérium* ▽
Gewürzstrauch	*Calyánthus* 🍃
Giersch	*Aegopódium* (♃)
Gilie	*Gília* ⊙
Ginkgo	*Gínkgo* 🌲
Ginster	*Genísta* 🍃
Gitterpflanze	*Aponogéton* ≈
Gladiole	*Gladíolus* 🧅
Glanzgras	*Phálaris* ♃
Glanzmispel	*Photínia* 🍃
Glanzschildfarn	*Polýstichum* ♃
Gleditschie	*Gledítsia* 🍃
Gleichenie	*Gleichenia* ▽
Gliederkaktus	*Schlumbérgera* ▽
Glockenblume	*Campánula* ⚇ ♃ ▽ (♃)
Glockenheide	*Eríca* 🍃 ▽
Glockenrebe	*Cobáea* ⊙
Gloriose	*Gloriósa* 🧅
„Gloxinie"	*Sinníngia* ▽
„Glückklee"	*Oxalis* ▽
Glycine	*Wistéria* 🍃
Godetie	*Clarkia* ⊙
Götterbaum	*Ailánthus* 🍃
Goldbaldrian	*Patrínia* ♃
Goldglöckchen	*Forsýthia* 🍃
Goldkeule	*Oróntium* ≈
Goldkugelkaktus	*Echinocáctus* ▽
Goldlack	*Cheiránthus* ⚇
Goldlärche	*Pseudólarix* 🌲
Goldmohn	*Eschschólzia* ⊙
Goldnessel	*Lamiástrum* ♃
Goldopuntie	*Opúntia* ▽
Goldregen	*Labúrnum* 🍃
Goldrute	*Solidágo* ♃
Goldschuppenfarn	*Dryópteris* ♃
Granatbaum	*Púnica* ▽ 🍎
Grapefruit	*Cítrus* 🍎
Grasnelke	*Armória* ♃
Grauheide	*Eríca* 🍃
Greisenhaupt	*Cephalocéreus* ▽
Grevillea	*Grevíllea* ▽
Griffinie	*Griffínia* ▽
Guava	*Psídium* 🍎
Günsel	*Ajuga* ♃
Guernseylilie	*Neríne* 🧅
Gummibaum	*Fícus* ▽
Gundermann	*Glechóma* (♃)
Gunnera	*Gunnéra* ♃
Gurke	*Cúcumis* 🥕
Gurkenkraut	*Borágo* ᛉ
Guzmanie	*Guzmánia* ▽
Haageocereus	*Haageocéreus* ▽
Habichtskraut	*Hierácium* ♃
Haferschlehe	*Prúnus* 🍎
Haferwurzel	*Tragopógon* 🥕
Hagedorn	*Crataegus* 🍃
Hahnenfuß	*Ranúnculus* ≈ (♃) ♃
Hahnenkamm	*Celósia* ⊙
Hainblume	*Nemóphila* ⊙
Hainbuche	*Córpinus* 🍃
Hammelmöhre	*Pastináca* 🥕
Hanf	*Cánnabis* ⊙
Hanfnessel	*Galeópsis* U
Hanf-Palme	*Trachycárpus* ▽
Hanftod	*Orobánche* U
Harfenstrauch	*Plectránthus* ▽
Hartriegel	*Córnus* 🍃
Haselnuß	*Córylus* 🍃 🍎
Haselwurz	*Asarum* ♃
Hasenklee	*Trifólium* U
Hasenschwanzgras	*Lagúrus* ⊙
Hauswurz	*Sempervívum* ♃
Haworthie	*Hawórthia* ▽
Hechtie	*Héchtia* ▽

Heckenkirsche	*Lonicéra* ▽ ❦
Heckenrose	*Rósa* ❦
Hederich	*Ráphanus* U
Hedychium	*Hedýchium* ▽
Heide	*Callúna* ❦
Heide, Irische	*Daboecia* ❦
Heidekraut	*Callúna* ❦
Heidelbeere	*Vaccínium* ○
Heidelbeer-kaktus	*Myrtillocáctus* ▽
Heiligenkraut	*Santolína* ♃
Heliotrop	*Heliotrópium* ⊙ U
Hellerkraut	*Thláspi* U
Helmkraut	*Scutellária* ♃ ▽
Helxine	*Soleirólia* ▽
Hemlockstanne	*Tsúga* ⸙
Herbstlevkoje	*Matthíola* ⊙
Herbstzeitlose	*Cólchicum* ♁
Herkuleskraut	*Heracléum* ♃ ⊙
Herzgespann	*Leonúrus* (♃)
Heteranthere	*Heteranthéra* ≋
Heuchera	*Heúchera* ♃
Heucherella	*Heucherélla* ♃
Hiba-Lebens-baum	*Thújópsis* ⸙
Hickorynuß	*Cárya* ❦
Himbeere	*Rúbus* ○
Himmels-röschen	*Siléne* ⊙
Himmels schlüssel	*Prímula* ♃
Hiobsträne	*Cóix* ⊙
Hirschkolben-sumach	*Rhús* ❦
Hirschzunge	*Phyllítis* ♃
Hirtentäschel-kraut	*Capsélla* U
Hoffmannie	*Hoffmánnia* ▽
Hohlzahn	*Galeópsis* U
Holodiscus	*Holodíscus* ❦
Holunder	*Sambúcus* ❦
Honiggras	*Hólcus* (♃)
Hopfen	*Húmulus* ⊙
Hopfenbuche	*Ostrya* ❦
Hornfarn	*Ceratópteris* ≋
Hornklee	*Lótus* ▽
Hornkraut	*Cerástium* ♃
Hornmohn	*Glaúcium* ⊙
Hornveilchen	*Víola* ♃
Hortensie	*Hydrangéa* ▽ ❦
Howea-Palme	*Hóweia* ▽
Hülse	*Ilex* ❦
Huflattich	*Tussilágo* (♃)
Hundskamille	*Anthemis* U
Hundspetersilie	*Aethúsa* U
Hundsrose	*Rósa* ❦
Hundsstrauß-gras	*Agróstis* /
Hundszahn	*Erythrónium* ♁
Hundszahn-gras	*Cýnodon* /
Hungerblümchen	*Drába* ♃
Hungerblümchen	*Eróphila* U
Hunnemannie	*Hunnemánnia* ⊙
Hyazinthe	*Hyacínthus* ≋
Hymenocallis	*Hymenocállis* ▽
Hypocyrte	*Hypocýrta* ▽
Igelkaktus	*Echinocáctus* ▽
Igelpolster	*Acantholímun* ♃
Igelsäulen-kaktus	*Echinocéreus* ▽
Immenblatt	*Melíttis* ♃
Immergrün	*Vínca* ⊙
Immortelle	*Ammóbium* ⊙
Incarvillee	*Incarvíllea* ♃
Ind. Spinat	*Basélla* ⊙
Inkalilie	*Alstroeméria* ♁
Iresine	*Iresíne* ▽
Isländischer Mohn	*Papáver* ♃
Ixie	*Ixia* ♁
Ixiolirion	*Ixiolírion* ♁
Ixore	*Ixóra* ▽
Jacaranda	*Jacaránda* ▽
Jakobinie	*Jacobínia* ▽
Jakobsleiter	*Polemónium* ♃
Jasmin, echter	*Jasmínium* ❦
Jasmin, falscher	*Philadélphus* ❦

Jelängerjelieber	*Lonicéra* ❦
Johannisbeere	*Ríbes* ❦. ○
Johannisbrotbaum	*Ceratónia* ○
Johanniskraut	*Hypéricum* ❦ (♃)
Jonquille	*Narcíssus* ♁
Juanulloe	*Juanullóa* ▿
Judasbaum	*Cércis* ❦
Judenbart	*Saxífraga* ▿
Jungfer im Grünen	*Nigélla* ⊙
Junkerlilie	*Ashodeline* ♃
Jungfernrebe	*Parthenocíssus* ▿ ❦
Kälberkropf	*Chaerophýllum* U
Känguruhbaum	*Casuarína* ▿
Känguruhklimme	*Císsus* ▿
Käsepappel	*Málva* U
Kaffeestrauch	*Cóffea* ▿
Kaiserkrone	*Fritillária* ♁
Kakaobaum	*Theobróma* ▿
Kakipflaume	*Diospýros* ○
Kaladie	*Caládium* ▿
Kalanchöe	*Kalánchöe* ▿
Kalmus	*Acorus* ≈
Kamelie	*Caméllia* ▿
Kamille	*Chamomílla* ᛉ U
Kamille	*Anthemis* ♃
Kammgras	*Cynosúrus* ⸙
Kanistrum	*Canístrum* ▿
Kannenstrauch	*Nepénthes* ▿
Kanonierblume	*Pílea* ▿
Kapkörbchen	*Dimorphothéca* ⊙
Kapes(Kohl)	*Brássica* ✎
Kapuzinerkresse	*Tropáeolum* ⊙
Karakabaum	*Corynocárpus* ▿
Kardamome	*Elettária* ▿
Karfiol	*Brássica* ✎
Karotte	*Dáucus* ✎
Kartoffel	*Solánum* ✎
Kastanie	*Aesculus* ❦
Kastanie	*Castánea* ❦
Katsurabaum	*Cercidiphýllum* ❦

Katzenminze	*Népeta* ♃
Katzenpfötchen	*Antennária* ♃
Kaukasus-Vergißmeinnicht	*Brúnnera* ♃
„Kentia"	*Hóweia* ▿
Kerbel	*Anthriscus* ᛉ U
Kerbelrübe	*Chaerophýllum* ✎
Kerbenblattkaktus	*Epiphýllum* ▿
Kermesbeere	*Phytolácca* ♃
Kerrie	*Kerria* ❦
Kiefer	*Pínus* ❦
Kichererbse	*Cícer* ✎
Kirschapfelbaum	*Málus* ❦
Kirsche	*Prúnus* ❦ ○
Kirschmyrte	*Syzýgium* ▿
Kirschpflaume	*Prúnus* ❦ ○
Klauenfarn	*Onýchium* ▿
Klebkraut	*Gálium* U
Klebsame	*Pittósporum* ▿
Klebschwertel	*Ixía* ♁
Klee	*Trifólium* ♃ U
Kleeseide	*Cuscúta* U
Kleinie	*Senécío* ▿
Klette	*Arctium* ♃
Klimme	*Císsus* ▿
Knäuel	*Scleránthus* U
Knoblauch	*Allium* ✎
Knöterich	*Polýgonum* ⊙ ♃ ❦ U
Knöterich	*Fallópia* ❦ U
Knollenhahnenfuß	*Ranúnculus* (♃)
Knollenziest	*Stáchys* ✎
Knopfkraut	*Galinsóga* U
Knotenblume	*Leucójum* ♁
Köcherblümchen	*Cúphea* ⊙ ▿
Kölle	*Saturéja* ᛉ
Königin der Nacht	*Selenicéreus* ▿
Königsfarn	*Osmúnda* ♃
Königskerze	*Verbáscum* ⊚
Königspalme	*Roystónea* ▿
Kohl	*Brássica* ✎
Kohlgänsedistel	*Sónchus* (♃)
Kohlrabi	*Brássica* ✎

Kokardenblume	*Gaillárdia* ⊙ ♃
Kokos-Palme	*Cócos* ◌
„Kokos-pälmchen"	*Microcóelum* ▽
Kolkwitzia	*Kolkwitzia* ❦
Kopfeibe	*Cephalotáxus* ⸙
Korallen-bäumchen	*Solánum* ▽
Korallenbeere	*Nértera* ▽
Korellenbeere	*Symphoricárpos* ❦
Korallenraute	*Borónia* ▽
Korallenstrauch	*Erythrína* ▽
Korallenstrauch	*Solánum* ▽
Korbblumen-aster	*Stokésia* ♃
Koriander	*Coriándrum* ᛉ
Korkbaum	*Phellodéndron* ❦
Kornblume	*Centauréá* ⊙ U
Kornelkirsche	*Córnus* ❦
Kornrade	*Agrostémma* U
Kosmee	*Cósmos* ⊙
Krähenbeere	*Emptrum* ❦
Krähenfuß	*Ipomópsis* ⨀
Kranzspiere	*Stephanándra* ❦
Kratzdistel	*Círsium* (♃)
Kresse	*Lepídium* ✎
Kreuzdorn	*Rhámnus* ❦
Kreuzkraut	*Senécio* ⊙ ♃ U
Kreuzkümmel	*Cumínum* ᛉ
Kreuzrebe	*Bignónia* ❦
Krieche	*Prúnus* ◌
Krokus	*Crócus* ◇
Kronwicke	*Coronílla* ♃
Kronsbeere	*Vaccínium* ◌
Kuckucksblume	*Lýchnis* ♃
Küchenschelle	*Pulsatílla* ♃
Kuhkraut	*Vaccária* ⊙
Kümmel	*Cárum* ᛉ
Kürbis	*Cucúrbita* ⊙ ✎
Kugelamarant	*Gomphréna* ⊙
Kugelblume	*Globulária* ❦
Kugeldistel	*Echínops* ♃
Kugelkaktus	*Echinocáctus* ▽
Labkraut	*Gálium* U
Laburnum + Cytisus	+ *Laburnocýtisus* ❦
Lachenalie	*Lachenália* ▽
Laelie	*Láelia* ▽
Lärche	*Lárix* ⸙
Laichkraut	*Potamogéton* ≈
Lambertsnuß	*Córylus* ❦ ◌
Lampenputzer-gras	*Pennísetum* ⊙
Lampionblume	*Phýsalis* ♃
Lanzenfarn	*Polýstichum* ♃
Lapagerie	*Lapagéria* ▽
Lattich	*Lactúca* ✎
Lauch	*Allium* ◇ ✎
Laugenblume	*Cótula* ♃
Laurustinus	*Vibúrnum* ▽
Lavatere	*Lavatéra* ⊙
Lavendel	*Lavándula* ❦
Lavendelheide	*Andrómeda* ❦
Layia	*Laýia* ⊙
Lebender Stein	*Líthops* ▽
Lebpflanze	*Biophytum* ▽
Lebensbaum	*Thuja* ⸙
Leberblümchen	*Hepática* ♃
Lederfarn	*Rumóhra* ▽
Lederstrauch	*Ptélea* ❦
Leimkraut	*Siléne* ⊙
Leimsaat	*Collómia* ⊙
Lein	*Línum* ⊙ ♃
Leinkraut	*Linária* ⊙ ♃
Leptospermum	*Leptospérmum* ▽
Lerchensporn	*Corýdalis* ♃
Leuchterblume	*Ceropégia* ▽
Levkoje	*Matthiola* ⊙ ⨀
Lichtnelke	*Lýchnis* ♃
Liebesapfel	*Lycopérsicon* ✎
Liebstöckel	*Levísticum* ᛉ
Ligularie	*Liguláría* ♃
Liguster	*Ligústrum* ❦
Lilie	*Lílium* ◇
Limone	*Cítrus* ◌
Limnophile	*Limnóphila* ≈
Linde	*Tília* ❦
Linse	*Léns* ✎
Litchipflaume	*Lítchi* ◌

Livistonie	*Livistóna* ▿
Lobelie	*Lobélia* ⊙
Lobularie	*Lobulária* ⊙
Löwenmaul	*Antirrhínum* ⊙ U
Löwenzahn	*Taráxacum* ✎ (♃)
Lolch	*Lólium* ♃
Lorbeer	*Laurus* ▿
Lorbeerkirsche	*Prúnus* ⌀
Lorbeerpappel	*Pópulus* ⌀
Lorbeerrose	*Kálmia* ⌀
Lorbeer-schneeball	*Vibúrnum* ▿
Lotosblume	*Nelúmbo* ≈
Lotosblume	*Nymphaé* ≈
Louisiana-Moos	*Tillándsia* ▿
Ludwigie	*Ludwígia* ≈
Lungenkraut	*Pulmonária* ♃
Lupine	*Lupínus* ♃
Lycaste	*Lycáste* ▿
Macleaya	*Macleáya* ♃
Macrozamie	*Macrozámia* ♃
Mädchenauge	*Coreópsis* ⊙ ♃
Mädesüß	*Filipéndula* ♃
Mähnengerste	*Hórdeum* ⊙
Märzbecher	*Leucójum* ♢
Mäusedorn	*Rúscus* ⌀
Mäusegerste	*Hórdeum* U
Magnolie	*Magnólia* ⌀
Mahoberberis	*x Mahobérberis* ⌀
Mahonie	*Mahónia* ⌀
Maiapfel	*Podophýllum* ♃
Maiglöckchen	*Convallária* ♃
Majoran	*Majorána* ᛉ
Malaienblume	*Phalaenópsis* ▿
Malope	*Malópe* ⊙
Malve	*Málva* ♃ ✎ U
Mammutbaum	*Sequóia* ❦
Mandarine	*Cítrus* ℴ
Mandel-bäumchen	*Prúnus* ⌀
Mandelbaum	*Prúnus* ℴ
Mangold	*Béta* ✎
Mangobaum	*Mangífera* ℴ
Mannsschild	*Andrósace* ♃
Marante	*Maránta* ▿
Margerite, bunte	*Chrysánthemun* ♃ s. S. 40
Marone	*Castánea* ⌀ ℴ
Maßholder	*Acer* ⌀
Mastkraut	*Sagína* (♃)
Mauerpfeffer	*Sédum* ♃
Mauerraute	*Asplénium* ♃
Maulbeerbaum	*Mórus* ⌀
Maxillarie	*Maxillária* ▿
Medinille	*Medinílla* ▿
Medusenhaupt	*Euphórbia* ▿
Medusenhaupt	*Mámmiláría* ▿
Meerkohl	*Crámbe* ♃ ✎
Meerrettich	*Armorácia* ✎ ᛉ
Meerzwiebel	*Urgínea* ▿
Mehlbeere	*Sórbus* ⌀
Melde	*Atriplex* ✎ U
Melisse	*Melíssa* ᛉ
Melone	*Cúcumis* ✎
Melonenbaum	*Cárica* ▿ ℴ
Melonenkaktus	*Melocáctus* ▿
Mentzelie	*Mentzélia* ⊙
Mertensie	*Merténsia* ♃
Metasequóia	*Metasequóia* ❦
Microlepie	*Microlépia* ▿
Milchstern	*Ornithógalum* ♢ ▿ ♃
Miltonie	*Miltoniópsis* ▿
„Mimose“	*Acácia* ▿
Mimose, echte	*Mimósa* ▿
Mirabelle	*Prúnus* ℴ
Miscánthus	*Miscánthus* ♃
Mispel	*Méspilus* ⌀ ℴ
Mistel	*Viscum* ⌀
Mittagsblume	*Mesembrýanthemum* ⊙
Möhre	*Daúcus* ✎
Mohn	*Papáver* ⊙ ♃ U
Mohrrübe	*Daúcus* ✎
Monarde	*Monárda* ♃
Mondsame	*Menispérmum* ⌀
Monstera	*Mónstera* ▿
„Montbretie“	*Crocósmia* ♢
Mooskraut	*Selaginélla* ▿
Moosmiere	*Moehríngia* ♃
Morelle	*Prúnus* ℴ
Morgensternsegge	*Cárex* ♃ ≈

Mormonentulpe	*Calochórtus* ♢
Moschusvater	*Abelmóschus* ⊙
Moskitogras	*Bouteloúa* ♃
Mottenkönig	*Plectránthus* ▽
Mummel	*Núphar* ≈
Mungbohne	*Vígna* ❦
Muschelblume	*Molucélla*
Mutterkraut	*Tanacetum* ⊙
Myrrhe	*Mýrrhis* ¥
Myrte	*Mýrtus* ▽
Myrtenheide	*Melaleúca* ▽
Nachtkerze	*Oenothéra* ⚇ ♃ U
Nachtschatten	*Solánum* U
Nachtviole	*Hésperis* ♃
Narzisse	*Narcíssus* ♢
Natterkopf	*Echium* ⊙
„Negerfinger"	*Opúntia* ▽
Nelke	*Diánthus* ⊙ ♃ ⚇
Nelkenwurz	*Géum* ♃
Nemesie	*Nemésia* ⊙
Neoregelie	*Neoregélia* ▽
Nerine	*Neríne* ♢
Nestfarn	*Asplénium* ▽
Neuseeländer Flachs	*Phórmium* ▽
Neuseeländer Spinat	*Tetragónia* ✎
Nicandra	*Nicándra* ⊙
Nikkotanne	*Ábies* ✻
Nidularie	*Nidulárium* ▽
Nieswurz	*Helléborus* ♃
Nopalxochie	*Nopalxóchia* ▽
Nußeibe	*Thorréya* ✻
Nutka-Scheinzypresse	*Chamaecýparis* ✻
Ochsenauge	*Buphthálmum* ♃
Ochsenzunge	*Anchúsa* ⊙ ⚇
Okra	*Abelmóschus* ✎
Ölbaum	*Olea* ○
Ölweide	*Elaeágnus* ❦
Oleander	*Nérium* ▽
Olivenbaum	*Olea* ○
Oncidium	*Oncídium* ▽
Oplismenus	*Oplísmenus* ▽
Orange	*Cítrus* ○
Oreopanax	*Oreópanax* ▽
Osterglocke	*Narcíssus* ♢
Osterkaktus	*Hatióra* ▽
Ottelie	*Ottélia* ≈
Pachysandra	*Pachysándra* ❦
Pachystachys	*Pachystáchys* ▽
Päonie	*Paeónia* ♃ ❦
Palisote	*Palisóta* ▽
Palma Christi	*Rícinus* ⊙
Palmetto-Palme	*Sábal* ▽
Palmfarn	*Cýcas* ▽
Palmlilie	*Yúcca* ♃ ▽
Pampasgras	*Cortadéria* ♃
Pampelmuse	*Cítrus* ○
Pantoffelblume	*Calceolária* ▽
Papageienblatt	*Alternanthéra* ▽
Papierblume	*Xeránthemum* ⊙
Papierknöpfchen	*Ammóbium* ⊙
Papier-Maulbeerbaum	*Broussonétia* ❦
Pappel	*Pópulus* ❦
Paprika	*Cápsicum* ▽ ✎ ¥
Payrusstaude	*Cypérus* ≈
Paranußbaum	*Berthollétia* ○
Parrotie	*Parrótia* ❦
Passionsblume	*Passiflóra* ▽ ○
Pasternak	*Pastináca* ✎
Pastinake	*Pastináca* ✎
Paulownie	*Paulównia* ❦
Pavonie	*Pavónia* ▽
Pechnelke	*Lýchnis* ♃
Pelargonie	*Pelargónium* ▽
Pellaea	*Pelláea* ▽
„Pellote"	*Lophóphora* ▽
Penstemon	*Penstémon* ⊙ ♃
Peperomie	*Peperómia* ▽
Pepul-Baum	*Fícus* ▽
Pereskie	*Peréskia* ▽
Perilepte	*Perilépta* ▽
Perilla	*Perílla* ⊙
Periploca	*Períploca* ❦

Perlfarn	*Onóclea* ♃
Perückenstrauch	*Cótinus* ❦
Pestwurz	*Petasítes* (♃)
Petersilie	*Petroselínum* Ψ
Petunie	*Petúnia* ⊙ ⊔
Pfahlrohr	*Arúndo* ♃
Pfaffenhütchen	*Euónymus* ❦
Pfeffer	*Píper* ⊔
Peperoni (Chili)	*Cápsicum* ❦
Pfefferkraut	*Saturéja* Ψ
Pfefferminze	*Méntha* Ψ ⊔
Pfeifenblume	*Aristolóchia* ⊔
Pfeifengras	*Molínia* ♃
Pfeifenstrauch	*Philadélphus* ❦
Pfeifenwinde	*Aristolóchia* ❦
Pfeilkraut	*Sagittária* ≈
Pfennigkraut	*Lysimáchia* ♃
Pfingstrose	*Paeónia* ♃
Pfirsichbaum	*Prúnus* ❦ ○
Pflaume	*Prúnus* ❦ ○
Pfriemengras	*Stípa* ♃
Phacelie	*Phacélia* ⊙
Phajus	*Pháius* ⊔
Philodendron	*Philodéndron* ⊔
Phlox	*Phlóx* ⊙ ♃
Phoenix	*Phóenix* ⊔ ○
Phuopsis	*Phuópsis* ♃
„Phyllokaktus“	*Nopalxóchia* ⊔
Pieris	*Píeris* ❦
Pillenfarn	*Pilulária* ≈
Pimentbaum	*Piménta* ○
Pimpernuß	*Staphyléa* ❦
Pimpinelle	*Pimpinélla* Ψ
Pinie	*Pínus* ⸙
Pippau	*Crépis* ⊙
Pistie	*Pístia* ≈
Platane	*Plátanus* ❦
Platterbse	*Láthyrus* ♃ U (♃)
Poinsettie	*Euphórbia* ⊔
Pomeranze	*Cítrus* ○
Porree	*Allium* ✎
Porst	*Lédum* ❦
Portulak	*Portuláca* ⊙
Porzellanblümchen	*Saxifraga* ♃
Prachtscharte	*Líatris* ♃
Preiselbeere	*Vaccínium* ○
Primel	*Prímula* ♃ ⊔
Prinzessin der Nacht	*Selenicéreus* ⊔
Prophetenblume	*Arnébia* ♃
Prunkbohne	*Phaséolus* ⊙
Prunkwinde	*Ipomóea* ⊙
Pseudosasa	*Pseudosása* ❦
Puffbohne	*Vícia* ✎
Puschkinie	*Puschkínia* ♁
Quecke	*Agropýron* (♃)
Qendel	*Thýmus* ♃
Quesnelie	*Quesnélia* ⊔
Quitte	*Cydónia* ○
Radies	*Ráphanus* ✎
Raffiapalme	*Ráphia* ⊔
Raygras	*Lólium* ✒
Rainfarn	*Tanacétum* (♃)
Rainkohl	*Lapsána* U
Rainweide	*Ligústrum* ❦
Ramonde	*Ramónda* ♃
Ranunkel (asiat.)	*Ranúnculus* ♃
Raps	*Brássica* ✎
Rauhgras	*Achnátherum* ♃
Rauhschopf	*Dasylírion* ⊔
Rauke	*Sisýmbrium* U
Rauschbeere	*Empetrum* ❦
Raute	*Rúta* Ψ
Rebe	*Vítis* ❦
Rebutie	*Rebútia* ⊔
Rechsteinerie	*Sinningia* ♁ ⊔
Regenbogenkaktus	*Echinocéreus* ⊔
Regnellidium	*Regnellídium* ≈
Reiherschnabel	*Eródium* ⊙ U ♃
Reineclaude	*Prúnus* ○
Reseda	*Reséda* ⊙
Rettich	*Ráphanus* ✎
Rhabarber	*Rhéum* ✎
Rhaphidophora	*Epiprémnum* ⊔
Rhododendron	*Rhododéndron* ⊔ ❦
Rhoeo	*Tradescántia* ⊔

Rhoicissus	*Rhoicíssus* ▽
Riesen-granadilla	*Passiflóra* ▽
Riesenhyazinthe	*Galtónia* ♁
Ringelblume	*Caléndula* ⊙
Rippenfarn	*Bléchnum* ♃ ▽
Rispelstrauch	*Myricária* ▽
Rispengras	*Póa* ∪
Rittersporn	*Delphínium* ♃
Ritterstern	*Hippeástrum* ▽
Robinie	*Robínia* ❧
Rondeletie	*Rondelétia* ▽
Rodgersie	*Rodgérsia* ♃
Rohdee	*Róhdea* ▽
Rohr	*Phragmítes* ≈
Rohrkolben	*Týpha* ≈
Rose	*Rósa* ❧ ▽
Rosenpelargonie	*Pelargónium* ▽
Rose von Jericho	*Anastática* ⊙
Rose von Jericho	*Asteríscus* ⊙
Rosmarin	*Rosmarínus* Ψ
Roßkastanie	*Áesculus* ❧
Roßpappel	*Málva* ∪
Rotdorn	*Cratáegus* ❧
Rotstraußgras	*Agróstis* ⸙
Rotschwingel	*Festúca* ⸙
Rubus	*Rúbus* ❧
Rudbeckie	*Rudbéckia* ⊙ ♃
Rübe	*Brássica* ✐
Rübsen	*Brássica* ✐
Ruellie	*Dipteracánthus* ▽
Rüster	*Ulmus* ❧
Ruhmesblume	*Cliánthus* ▽
Runkelrübe	*Béta* ✐
Rutenkakatus	*Rhípsalis* ▽
Sabal-Palme	*Sábal* ▽
Sadebaum	*Juníperus* ❧
Säckelblume	*Ceanóthus* ❧
Sägeblattkaktus	*Epiphýllum* ▽
Safranwurz	*Cúrcuma* ▽
Salat	*Lactúca* ✐
Salbei	*Sálvia* ⊙ ♃ Ψ
Salomonssiegel	*Polygonátum* ♃
Salzstrauch	*Halimodéndron* ❧
Sammetblume	*Tagétes* ⊙
Sanchezie	*Sanchézia* ▽
Sanddorn	*Hippóphaë* ❧
Sandkraut	*Arenária* ♃ ∪
Sandmyrte	*Leiophýllum* ❧
Sandstraußgras	*Agróstis* ⸙
Sanvitalie	*Sanvitália* ⊙
Sasa	*Sása* ❧
Saudistel	*Sónchus* (♃)
Sauerampfer	*Rúmex* ✐ (♃)
Sauerdorn	*Bérberis* ❧
Sauerklee	*Oxalis* ▽ ♃
Säulenkaktus	*Céreus* ▽
Saumfarn	*Ptéris* ▽
Sawarazypresse	*Chamaecýparis* ⸙
Saxifraga	*Saxífraga* ▽
Schabzigerklee	*Trigonélla* Ψ
Schachbrett-blume	*Fritillária* ♁
Schachtelhalm	*Equisétum* (♃) ≈
Scharfgarbe	*Achilléa* ♃
Schafschwingel	*Festúca* ⸙
Schalotte	*Allium* ✐
Scharbockskraut	*Ranúnculus* (♃)
Schattenblume	*Smilacína* ♃
Scharlachdorn	*Cratáegus* ❧
Schaumblüte	*Tiarélla* ♃
Schefflera	*Schéfflera* ▽
Scheinakazie	*Robínia* ❧
Scheinbuche	*Nothofágus* ❧
Scheineller	*Cléthra* ❧
Scheinhasel	*Corylópsis* ❧
Scheinkerrie	*Rhodótypos* ❧
Scheinrebe	*Ampelópsis* ▽ ❧
Schein-Rhipsalis	*Hatióra* ▽
Scheinzypresse	*Chamaecýparis* ⸙
Schiefblatt	*Begónia* ⊙ ▽
Schiefteller	*Achímenes* ▽
Schierling	*Cónium* ∪
Schildblatt	*Dármera* ♃
Schildfarn	*Polýstichum* ♃
Schilf	*Phragmítes* ≈
Schirmtanne	*Sciadópitys* ⸙

Schismatoglottis	*Schismatoglóttis* ⊍
Schlafmützchen	*Eschschólzia* ⊙
Schlangenbart	*Ophiopógon* ⊍
Schlangenkaktus	*Aporocáctus* ⊍
Schlehe	*Prúnus* ❦
Schleierkraut	*Gypsóphila* ⊙ ♃
Schleifenblume	*Ibéris* ⊙ ♃ U
Schlinge	*Vibúrnum* ❦
Schlüsselblume	*Prímula* ♃
Schmetterlings-strauch	*Buddléja* ❦
Schmiele	*Deschámpsia* ♃
Schmuck-Körbchen	*Cósmos* ⊙
Schneeball	*Vibúrnum* ❦
Schneebeere	*Symphoricárpos* ❦
Schneeflocken-strauch	*Chionánthus* ❦
Schneeglöckchen	*Galánthus* ♁
Schneeglöck-chenbaum	*Halésia* ❦
Schneeheide	*Eríca* ❦
Schneestolz	*Chionodóxa* ♁
Schnittlauch	*Allium* ᛘ
Schnurbaum	*Sóphora* ❦
Schöllkraut	*Chelidónium* (♃)
Schönfrucht	*Callicárpa* ❦
Schönranke	*Eccremocárpos* ⊙
Schöterich	*Erýsimum* ⊙ U
Schopflilie	*Eucomis* ⊍
Schraubenbaum	*Pándanus* ⊍
Schrauben-kaktus	*Stenocéreus* ⊍
Schuppenkopf	*Cephalária* ♃
Schusterpalme	*Aspidístra* ⊍
Schwarze Susanne	*Thunbérgia* ⊙
Schwarznessel	*Perílla* ⊙
Schwarzwurzel	*Scorzonéra* ✎
Schwertlilie	*Iris* ♁ ≈
Schwimmfarn	*Salvínia* ≈
Schwingel	*Festúca* ♃ ⸙
Scilla	*Hyacinthoídes* ≈
Scindapsus	*Scindápsus* ⊍
Sedum	*Sédum* ⊙ ♃ ⊍
Seeigelkaktus	*Astróphytum* ⊍
Seeigelkaktus	*Echinópsis* ⊍
Seekanne	*Nymphoídes* ≈
Seerose	*Nymphaea* ≈
Segge	*Cárex* ♃ ≈
Seidelbast	*Dáphne* ❦
Seidengras	*Sáccharum* ♃
Seifenkraut	*Saponária* ⊙ ♃
Selaginella	*Selaginélla* ⊍
Sellerie	*Apium* ✎
Senf	*Brássica* ᛘ
Setcreasie	*Tradescántia* ⊍
Sicheltanne	*Cryptoméria* ⸙
Silberdistel	*Cárlina* ♃
„Silbereiche“, austral.	*Grevíllea* ⊍
Silberimmortelle	*Anáphalis* ♃
Silberkerze	*Cimicífuga* ♃
Silberkerze	*Cleistocáctus* ⊍
Silberling	*Lunária* ⊙
Silberraute	*Artemísia* ♃
Silberwurz	*Drýas* ♃
Simse	*Scírpus* ≈
Sinarundinarie	*Thamnocálamus* ❦
Singrün	*Vínca* ❦
Sinnpflanze	*Mimósa* ⊍
Skabiose	*Scabiósa* ⊙ ♃
Skimmie	*Skímmia* ❦
Skorpionskraut	*Heliotrópium* U
Smithianthe	*Smithiántha* ⊍
Soja-Bohne	*Glycíne* ✎
Sommeraster	*Callístephus* ⊙
Sommerbluts-tröpfchen	*Adónis* ⊙
Sommer-zypresse	*Kóchia* ⊙
Sommerendivie	*Lactúca* ✎
Sommerflieder	*Buddléja* ❦
Sommerlavatere	*Lavatéra* ⊙
Sommermalve	*Malópe* ⊙
Sommerwurz	*Orobánche* U
Sonnenauge	*Heliópsis* ♃
Sonnenblume	*Heliánthus* ⊙ ♃
Sonnenbraut	*Helénium* ♃
Sonnenflügel	*Helípterum* ⊙ ⊍

Tazette	*Narcíssus* ♁
Teestrauch	*Caméllia* ⊽
Teichrose	*Núphar* ≈
Tetrastigma	*Tetrastígma* ⊽
Teufelskralle	*Phytéuma* ♃
Teufelszwirn	*Lýcium* ❦
Thunbergie	*Thunbérgia* ⊙ ⊽
Thymian	*Thýmus* ♃ ⚘
Tillandsie	*Tillándsia* ⊽
Titanopsis	*Titanópsis* ⊽
Todee	*Tódea* ⊽
Tomate	*Lycopérsicon* ✎
Topinambur	*Heliánthus* ✎
Torenie	*Torénia* ⊙ ⊽
Torfmyrte	*Pernéttya* ⊽
Tradeskantie	*Tradescántia* ♃ ⊽
Tradeskantie	*Zebrína* ⊽
Tränendes Herz	*Dicéntra* ♃
Tragant	*Astrágalus* ♃
Traubenheide	*Leucóthoë* ❦
Trauben-hyazinthe	*Muscári* ♁
Trespe	*Brómus* U /
Trichterfarn	*Mattéuccia* ♃
Trillium	*Tríllium* ♃ ⚘
Tripmadam	*Sédum* ♃ ⚘
Tritome	*Kniphófia* ♃
Troddelblume	*Soldanélla* ♃
Trollblume	*Tróllius* ♃
Trompetenbaum	*Catálpa* ❦
Trompeten-blume	*Cámpsis* ❦
Trompeten-zunge	*Salpiglóssis* ⊙
Tuberose	*Poliánthes* ⊽
Tüpfelfarn	*Polypódium* ♃ ⊽
Tulpe	*Túlipa* ♁
Tulpenbaum	*Liriodéndron* ❦
Uferrebe	*Vítis* ❦
Ulme	*Ulmus* ❦
„Ur-Mammut-baum“	*Metasequóia* ⸙
Urnenpflanze	*Dischídia* ⊽
Usambara-Veilchen	*Saintpáulia* ⊽
Uvularie	*Uvulária* ♃
Vallisnerie	*Vallisnéria* ≈
Vallote	*Cyrtánthus* ⊽
Vanda	*Vánda* ⊽
Vanille	*Vanílla* ⊽
Veilchen	*Víola* ♃ ⊽
Veltheimie	*Veltheímia* ⊽
Venus-fliegenfalle	*Dionáea* ⊽
Venusschuh	*Paphiopédilum* ⊽
Verbene	*Verbéna* ⊙ ⊽
Vergißmeinnicht	*Myosótis* ♃ U
Vergißmeinnicht	*Omphalódes* ⊙
Veronika	*Verónica* ⊽ U (♃) ♃
Vexiernelke	*Lýchnis* ♃
Victoria	*Victória* ≈
Vogelbeerbaum	*Sórbus* ❦
Vogelkirsche	*Prúnus* ❦ ○
Vogelmiere	*Stellária* U
Vogelwicke	*Vícia* (♃)
Vriesea	*Vriésea* ⊽
Wacholder	*Juníperus* ⸙
Wachsbaum	*Caríssa* ⊽
Wachsblume	*Hóya* ⊽
Wachsblume	*Cerínthe* ⊙
Wachtelweizen	*Melampýrum* U
Waldlilie	*Tríllium* ♃
Waldmeister	*Gálium* ♃
Waldrebe	*Clématis* ❦
Waldsteinie	*Waldstéinia* ♃
Walnußbaum	*Júglans* ❦ ○
Wandelröschen	*Lantána* ⊙ ⊽
Warzenkaktus	*Mammillária* ⊽
Wasserähre	*Aponogéton* ≈
Wasserdost	*Eupatórium* ♃
Wasserfeder	*Hottónia* ≈
Wasserhelm	*Ultriculária* ≈
Wasser-hyazinthe	*Eichhórnia* ≈
Wasserlinse	*Lémna, Wólffia* ≈

Wassermelone	*Citrúllus* ✎
Wassernabel	*Hydrocótyle* (♃)
Wassernuß	*Trápa* ≈
Wasserpest	*Elódea* ≈
Wasserquirl	*Hydrílla* ≈
Wassersalat	*Pístia* ≈
Wasserschlauch	*Utriculária* ≈
Wasserstern	*Callítriche* ≈
Wegerich	*Plantágo* ♃ (♃)
Wegrauke	*Sisýmbrium* U
Weide	*Sálix* ❦
Weiderich	*Lýthrum* ♃
Weigelie	*Wéigela* ❦
Weihnachtsfarn	*Polýstichum* ♃
Weihnachts-kaktus	*Schlumbérgera* ▽
Weinachts-stern	*Euphórbia* ▽
Weinraute	*Rúta* ⚘
Weinrebe, echte	*Vítis* ❦ ○
Weißbuche	*Cárpinus* ❦
Weißdorn	*Cratáegus* ❦
Weißklee	*Trifólium* ♃
Weißwurzel	*Tragopógon* ✎
Wellingtonie	*Sequoiadéndron* ⸙
Wermut	*Artemísia* ⚘
„Wicke“	*Láthyrus* ⊙
Widerstoß	*Limónium* ⊙ ♃
Wiesenkerbel	*Anthríscus* U
Wiesenraute	*Thalíctrum* ♃
Wiesen-rispengras	*Póa* ⸝
Wiesen-schaumkraut	*Cardámine* U
Wilder Wein	*Parthenocíssus* ❦
Windhafer	*Avéna* U
Windhalm	*Apera* U
Winterling	*Eránthis* ♁
Wirsing	*Brássica* ✎
Wistarie	*Wistéria* ❦
Wolfsmilch	*Euphórbia* ♃ ▽ U
Wollfrucht-kaktus	*Ariocárpus* ▽
Wollblatt	*Eriophýllum* ♃
Woodwardie	*Woodwárdie* ▽
Wruke	*Brássica* ✎
Wucherblume	*Chrysánthemum* ⊙ s. S. 40
Würger	*Orobánche* U
Wunderbaum	*Rícinus* ⊙
Wunderblume	*Mirábilis* ♃
Wurmfarn	*Dryópteris* ♃
Xanthosome	*Xanthosóma* ▽
Yamswurzel	*Dioscórea* ▽
Ysop	*Hyssópus* ⚘
Yucca	*Yúcca* ♃ ▽
Zaubernuß	*Hamamélis* ❦
Zaunrübe	*Bryónia* (♃)
Zaunwinde	*Calystégia* (♃)
Zeder	*Cédrus* ⸙
Zebra-Tradeskantie	*Tradescántia* ▽
Zederzypresse	*Chamaecýparis* ⸙
Zeitlose	*Cólchium* ♁
Zelkova	*Zelkóva* ❦
Zentifolie	*Rósa* ❦
Zichórie	*Chichórium* ✎
Zickzackstrauch	*Corókia* ▽
Zierbanane	*Enséte* ▽
Zierquitte	*Chóenoméles* ❦
Ziest	*Stáchys* ♃ U ✎
Zimmeraralie	*Fátsia* ▽
Zimmer-Calla	*Zantedéschia* ▽
Zimmerlinde	*Sparmánnia* ▽
Zimmertanne	*Araucária* ▽
Zimt, falscher	*Alpínia* ▽
Zinnie	*Zínnia* ⊙
Zistrose	*Cístrus* ❦
Zitrone	*Cítrus* ○
Zitronen-pelargonie	*Pelargónium* ▽
Zitronenmelisse	*Melíssa* ⚘
„Zitronen-strauch“	*Aloýsia* ▽
Zittergras	*Bríza* ⊙ ♃
Zucchini	*Cucúrbita* ✎

Zuckerrübe	*Béta*
Zungenfarn	*Elaphoglóssum*
Zürgelbaum	*Céltis*
Zweizahn	*Bídens*
Zwergbambus	*Pleioblastus*
Zwergmispel	*Cotoneáster*
Zwergpalme	*Chamaérops*
Zwergpfeffer	*Peperómia*
Zwergwasserlinse	*Wólffia* ≈
Zwetsche	*Prúnus*
Zwiebel	*Allium*
Zwiebelliesch-gras	*Phléum*
Zylinderopuntie	*Opúntia*
Zylinderputzer	*Callistémon*
Zymbelkraut	*Linária* ♃
Zypergras	*Cýperus* ≈
Zypresse	*Cupréssus*

Numerierung der Pflanzenarten im Hinblick auf die Florenreiche

Unterschiedliche Verteilung der Kontinente und Ozeane und besondere Entwicklungs- und Austauschbedingungen auf der südlichen Heimisphäre lassen **6 Florenreiche** zu.

Diese pflanzengeographischen Einheiten werden genannt:

1. Holarktis (nördliche Heimisphäre, also Europa, fast das ganze Nordamerika, große Teile Asiens, der Mittelmeerraum und Nordafrika, die 2 letzten Gebiete im Buch mit 1 a angegeben). Frostfreiheit im gesamten Jahresablauf besteht in keinem der genannten Gebiete.
2. Palaeotropis (die Tropen der „Alten Welt")
3. Neotropis (die Tropen der „Neuen Welt")
4. Capensis (eigenständiges Florenreich am Kap, für die Numerierung etwas auf Südafrika ausgedehnt)
5. Australis (erdgeschichtlich isolierte Stellung und charakteristische Pflanzenarten)
6. Antarktis (extreme Klimabedingungen und Artenarmut)

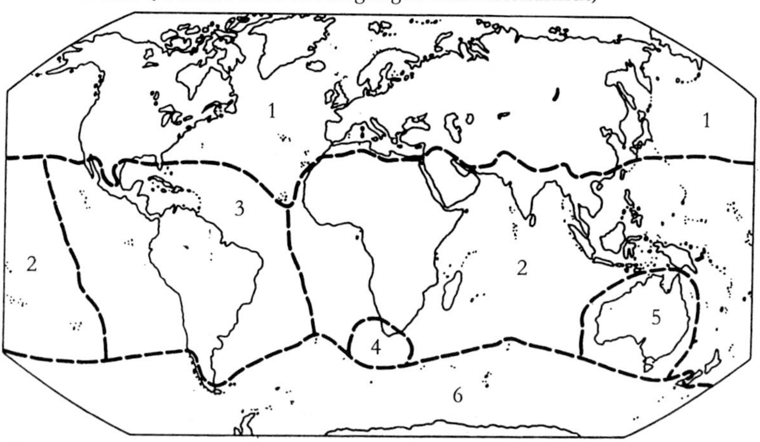

Florenreiche der Erde: 1 = Holarktis, 2 = Palaeotropis, 3 = Neotropis, 4 = Capensis, 5 = Australis, 6 = Antarktis. – Aus Walter u. Straka.

Die Skizze möge zur Veranschaulichung dienen und erkennen lassen, daß man in praxi mit solchen groben Herkunftsangaben anstelle präziser Heimatnennung durchaus arbeiten kann, und zwar insbesondere im Gespräch mit Kunden!

Sofern es sich um Hybriden handelt oder anderweitige Unsicherheiten bestehen, ist im Buch eine Numerierung unterblieben.

Literaturnachweis

Für die Aufstellung dieses Wörterbuches wurde folgende Literatur benutzt:

„Pareys Blumengärtnerei“, zweite, neubearbeitete Auflage, herausgegeben von F. Encke, Berlin 1958 bis 1971, sowie erste Auflage, Berlin 1931.

„Pareys Illustriertes Gartenbaulexikon“, fünfte, völlig neu bearbeitete Auflage, herausgegeben von R. Maatsch, Berlin 1956, sowie vierte Auflage, Berlin 1928.

„Lehrbuch der Botanik für Hochschulen“ („Strasburger“), 33. neubearbeitete Auflage, Stuttgart 1991.

„International Code of Botanical Nomenclature“ (ICBN), Utrecht 1972.

„Internationaler Code der Nomenklatur der Kulturpflanzen“ (ICNCP), Deutsche Fassung 1969.

„Handwörterbuch der Pflanzennamen“ („Zander“), 14. Auflage, von F. Encke, G. Buchheim, S. Seybold, Stuttgart 1993.

„Die Nutzpflanzen der Tropen und Subtropen in der Weltwirtschaft“ von I. Esdorn, Stuttgart 1973.

„Obst und Gemüse. Eine Warenkunde“, 4. Auflage, von E. Daßler u. G. Heitmann, Berlin-Hamburg 1991.

„Handbuch der Laubgehölze“, 3 Bde., von G. Krüssmann, Berlin 1976 bis 1978.

„Handbuch der Nadelgehölze“ von G. Krüssmann, Hamburg-Berlin 1972.

„Illustrierte Flora“, („Garcke“), 23. Aufl., herausgegeben von K. von Weihe, Berlin 1972.

„Liste der Gefäßpflanzen Mitteleuropas“, 2. erw. Auflage, von F. Ehrendorfer u. a., Stuttgart 1973.

„Vorläufiges Verzeichnis landwirtschaftlich oder gärtnerisch kultivierter Pflanzenarten (mit Ausschluß der Zierpflanzen)“ von R. Mansfeld, Nachdruck der 1. Auflage, Berlin 1962.

„Taschenbuch der Gräser“, 11. Auflage, von E. Klapp, Berlin 1983.

„Illustrierte Flora von Mitteleuropa“, 7 Bde., von G. Hegi, München ab 1906 bis 1931, 2. Aufl. seit 1935.

„Kleines Botanisches Fremdwörterbuch“ von R. Zander, Stuttgart 1950.

„Botanische Terminologie und Nomenklatur“, 2. Auflage, von D. Vogellehner, Stuttgart 1983.

„Botanik“, 3. Auflage, von F. Jacob, E. Jäger u. E. Ohmann, Stuttgart 1987.

„Flora von Deutschland und seinen angrenzenden Gebieten“ (Schmeil-Fitschen), 87. Auflage, von W. Rauh und K. Senghas, Heidelberg 1982.

„Flora Europaea“, Bd. 1–5, von T. G. Tutin u. a., Cambridge 1964–1980.

„Ökologie“ von H.-J. Müller, Jena 1988.

„Gärtnerbörse und Gartenwelt“ (Fachzeitschrift), 89., 90., 91., 92. u. 93. Jahrgang.

„Zierpflanzenbau“ (Fachzeitschrift), XXIX., XXX., XXXI., XXXII. u. XXXIII. Jahrgang.

„Die Technik der wissenschaftlichen Pflanzenbenennung“ von R. Mansfeld, Berlin 1949.